상극의 희극

상극의 희극

이정원 산문집

{ 🏠 }
(♥)
[♪]

궁합은 상극
인생은 희극

personal
editor

좋은 작품은 창작자를 사랑할 수밖에 없게 만든다.

이 책이 그렇다.

{ 추천사 }

결혼이라는 참 이상한 일

한수희 (《마음의 문제》 저자)

내 생각에 결혼생활의 가장 큰 문제는 '동거', 그러니까 같이 사는 것이다.

같이 살지만 않으면, 내 룸메이트만 아니라면 저 인간을 이렇게까지 미워하지 않아도 될 텐데. (신사임당이 현모양처의 아이콘이 될 수 있었던 이유도 남편과 따로 살아서라는 설이 있다.) 20년을 함께 살았는데도 남편이라는 존재는 늘 내게 놀라움을 안긴다. 아니, 세상에 무슨 저런 인간이 다 있지?

이정원의 첫 책 《상극의 희극》을 읽었다. 이런 글을 읽고 나면 언제나 떠오르는 한 가지 질문이 있다.

'아씨, 나 어쩌지…?'

대한민국에서 나온 모든 에세이를 다 읽어보지는 못했지만, 그럼에도 프로와 아마추어의 글을 두루두루 읽어본 결과 내 나름의 결론을 도출했다. 그건 바로 잘 쓴 에세이에는 패기와 기세, 리듬 같은 것이 있다는 거다. 패기와 기세와 리듬이 있는 글은 몇 줄의 문장만으로도 속절없이 빠져들고 만다. 이 에세이집 역시 패기와 기세와 리듬으로 가득하다.

매일 밤 캔맥주를 따야 사는 것 같은 주당 기혼녀는 일하고, 아이들을 키우고, 집안일을 도맡고, 남편이라는 존재를 감당하느라 혼자 있는 게 소원인 사람이 되었다. 아마 작가도 나와 같은 미스터리에 빠져 있을 것이다.

'저 인간은 대체 뭘까?'

이들 부부는 사무실 옆자리에 앉았더라면 상종도 하기 싫을, 소개팅이 아니었다면 만날 일도 없을 극과 극의 커플이다. 그런데 그 이해할 수 없는 신비로운 인간과 매일 같은 집에서 잠들고, 같이 밥을 먹고, 같이 공과금을 내고, 같이 만든 자식을 같이 키우며 살아간다. 서로의 과거를 보듬고, 닥쳐올 미래를 함께 준비한다. 나와 너무 다른 나의 반쪽 때문에 도 닦는 심정이 들기도 하고, 세상을 완전히 다른 눈으로 바라보게 되기도 한다. 생각해보면 정말 이상한 일이다.

나는 여기에 쓰인 글들이 모두 상대를, 그리고 이 결혼생활이라는 것을 이해해보기 위한 노력이라고 생각한다. 이해하기 위해서 글을 쓴다는 것은 어찌나 건전한 일인지. 얼마 전 나는 다른 사람의 인생을 생각하는 것만으로도 내 삶이 풍요로워진다고 썼는데, 그러고 보면 결혼생활이란 인생이 깊고 풍요로워지기 위한 최고의 도구가 아닐까 싶다.

뭐, 일단 그렇게라도 생각해보자.

(**기획자 코멘트**)

신인작가를 발굴한다는 것

솔직히 고백한다. 원고 한 꼭지를 보자마자 반했다. 정말 홀딱. 보자마자 눈이 번쩍 뜨여서 가슴이 두근대고 마음이 급해졌다. 내가 빨리, 일단 빨리 찜해야겠다! 얼른 메일을 보냈고 답이 왔다. 이정원 저자와의 첫 만남은 그렇게 시작됐다.

그것은 전적으로 나의 '취향'이었다. 특히나 에세이는 편집자 취향이 원고 판단의 중요한 기준이 된다고 나는 생각한다. 위트 있는 글, 그러면서도 밑줄 긋고 싶은 통찰을 주는 글. 언뜻 모순적인 이 두 가지가 적절히 조화된 글. 눈으로만 따라 읽어도 술술 읽히는 리듬감을 타고난 글. 밀고 당기는 문장의 그 리듬만으로도 어떤 쾌감이

들게 하는 글. 나는 그런 글을 보면 가슴께가 간질거린다. 너무 좋아서.

'패기와 기세와 리듬이 있는 글은 몇 줄의 문장만으로도 속절없이 빠져들고 만다. 이 에세이집 역시 패기와 기세와 리듬으로 가득하다.'

한수희 작가의 추천사를 받고 이 대목에서 나는 하이파이브라도 하고 싶어졌다. 고수는 아는 것이다 역시!

저자 이정원의 강점을 극대화할 수 있는 컨셉을 대략적으로 그려놓고 본격적인 원고 집필에 들어갔다. 첫 책을 쓰는 신인작가의 경우, 나는 한 꼭지씩 받아서 피드백을 하고 수정해서 다음 꼭지로 넘어가는 식으로 전체 탈고를 한다. 하지만 신인작가라도 '케바케'다. 그렇게 한 꼭지씩 숙제 검사하듯 원고를 받으면, 당근과 채찍의 피드백과 긴장감에 동기부여를 느끼고 잘 따라오는 사람이 있는가 하면, 갑갑해서 도망가고 싶어 하는 사람도 있다.

이정원 저자는 명백히 후자로 보였다. (원고를 보면 대충 감이 온다.) 이런 경우에는 세밀한 피드백으로 한 꼭지씩 완성도를 갖추기보다 일단 속도감 있게 초고를 쓰도록 한다. 그렇게 한 권을 탈고한 후 전체적인 퇴고를 거치는 식으로 원고를 만들었다.

여기서 한 가지 더 고백하자면, 집필 가이드를 하는 동안 나 혼자 속으로 밀당을 했다. 내가 너무 좋아하는 걸 안 들키려고, 좀 더 객관적인 눈으로 원고를 판단하고 싶어서. 타고난 필력으로 혹시라도 안일해지지 않을까 하는 편집자의 노파심이기도 했다. 첫 책에 대한 긴장감을 끝까지 놓지 않길 바랐다.

탈고 후 우리는 처음 만났다. 월요일 오후 4시, 합정의 단골 술집이었다. 수줍게 인사한 뒤 건네는 숙취해소제를 보고 나는 또 한번 반했다. (술자리에 임하는 각오와 결의가 느껴진달까.)

무장해제를 하고 맥주를 연거푸 들이켜는 나에게 저자는 질문했다.

"궁금한 게 있는데… 마케팅은 어떻게 하실 거예요?"

폐부를 찌르는 질문이었다. 1인출판사의 최대 약점을

간파하다니. 너무 놀라 들숨으로 실토했다.

"솔직히 저도 잘 모르겠어요…."

기획 단계에서부터 그것은 가장 큰 숙제다. 원고가 좋을수록 고민은 깊어간다. 이렇게 좋은 걸 어떻게 알릴 것인가, 어떻게 팔 것인가.

그 생각만으로 이틀을 골몰했다. 싱크대 앞에서 물을 마시다 번뜩 '블라인드'라는 말이 계시처럼 떠올랐다. 그래! 그럼 오로지 원고만으로 승부를 볼 수 있겠다. 첫 책을 내는 신인작가니까 아예 이름도, 제목도 가리고 사전 서평단 같은 걸 받아보자. 일반적인 서평단은 모든 게 공개된 상태로 진행하니까 오히려 궁금증과 기대감을 유발할 수도 있겠지.

그런데 가제본을 만들자니 시간도, 비용도 문제다. 많아봐야 20-30명 정도나 가능하겠지. 그럼 어쩌지… 그냥 파일로 원고를 줄까? 그럼 비용 제한도, 인원 제한도 없겠네? 화면교정(저자가 탈고한 원고를 편집자가 파일 상태로 교정교열 보는 것)이 막 끝난 원고 중 가장 재밌는 11꼭지를 선별했다.

근데 무슨 미션을 주지? 이럴 땐 마케터가 정말 간절하다. 상의할 동료가 없는 1인출판사 소상공인은 챗GPT에게라도 물어본다. 길고 긴 답 중에 '마음에 드는 한 문장 고르기'가 눈에 띈다. 챗GPT에겐 미안하지만, 너 정말 처음으로 답다운 답했다. 그렇게 미션은 정해졌다.

참여자에게 줄 리워드는 뭐가 좋을까? 원고만 뿌린다고 저절로 홍보가 될 리 없다. 출간 전 이벤트를 하는 근본적인 목적을 생각해보자…. 책을 한 권이라도 더 팔고 싶다는 것. 그럼 내 이름이, 내 리뷰가 들어간 책이라면 사보고 싶지 않을까? 이거 뭔가 예감이 좋다.

출판사 인스타그램(@personal.editor.book)에 '블라인드 독서단 모집'을 올렸다. 한수희 작가가 추천사 수락을 하며 '원고가 너무 재밌다'고 해준 메일을 함께 공개한 덕에 예상보다 많은 인원이 신청했다. 파일 상태의 블라인드 원고를 보내주고, 참여자 이름을 책 속에 실어준다는 새로운 방식에 예상대로 신선함과 호기심을 느끼는 것 같았다. (블라인드 독서단의 명단과 리뷰는 책의 마지막 코너에서 확인할 수 있다.)

마감을 목전에 두고 원고를 다시 찬찬히 읽어본다. 읽고 또 읽었지만 다시 읽을 때마다 새삼스레 너무 좋은 문장, 문장들. 카피는 저절로 나왔다.

'이것은 실로 오랜만에 필력 있는 산문을 읽는 기쁨!'

마지막으로 밝히자면, 보자마자 반했다는 그 원고는 '주량도 모른 채 끝나는 인생이란'(237쪽)이다.

기획자 남연정

〈 목차 〉

{ 한수희 추천사 } 결혼이라는 참 이상한 일 7
(기획자 코멘트) 신인작가를 발굴한다는 것 10
[프롤로그] 궁합은 상극, 인생은 희극 21

{ 1 }
나와 정반대에 있는 사람

가늘고 긴 손가락을 사랑한 죄로 26

소개팅에서 도망 간 남자 35

교집합이라고는 없는 사이 39

떨어져 있어도 너는 늘 내 옆에 있어 45

산책 중독 53

검소한 명품주의자 60

벌써 몇 번째 다이어트 68

저마다의 로맨틱 78

가족이 꼭 원팀일 필요가 있어? 86

(2)

일복 없는 자의 자아실현

열망의 실체를 확인하는 법 96

관찰자의 시선 102

우울할 자격 110

강남 사는 분이 뭐가 걱정이에요 118

평범하게 살 용기 127

돈에서 자유롭길 원한다면 131

[3]
가족이라는 변수

마무리를 해낸 사람만이 시작한 사람으로 기억된다 140

사소한 아름다움을 맞이할 준비 147

새벽잠을 포기한 대신 153

할 만큼 한 사람의 이별 방법 161

못생겨질 것이 뻔한 환경에서 그를 구한 것은 169

매일 면접에서 떨어진다는 마음으로 176

그래도 내 인생 최대 업적은 187

동안이란 무엇인가 195

〈 4 〉
술과 밤이 없었다면

남편이 둘인 여자 204

스물이었다 212

미지근한 카스와 돌아올 수 없는 M에게 219

밤과 이별하는 삶 227

고요한 소우주의 시간 232

주량도 모른 채 끝나는 인생이란 237

나도 이제 외롭고 싶다 246

[에필로그] 읽어주는 사람이 있을 때 글은 완성된다 254

블라인드 독서단 256

[프롤로그]

궁합은 상극, 인생은 희극

"나, 글을 한번 써볼까 해."
"내 얘기는 빼고 써라."
그래서 썼습니다. 그가 쓰지 말라니까 굳이 기어이 구태여 그의 이야기를 적어보기 시작했습니다.

남편과 제 사이는 그런 것이었으니까요. 해보라면 하기 싫어지고, 하지 말라면 하고 싶어지는 그런 관계랄까요. 쌍수를 들며 써보라고 했으면 아마도 안(못) 썼지 싶습니다.

반쯤은 오기로, 또 반쯤은 농담으로 시작했던 글쓰기에서 그러나 저는 새로운 국면을 맞이했습니다. 그와의 사사롭고 소소한 에피소드와 사건 사고들이 저에게 말을 걸어오기 시작했습니다.

전연 이해되지 않던 그의 언행과 습관들, 나를 거슬리게 하던 것들이 궁금해지기 시작했고 알아가게 되었으며 급기야 이해되기에 이르른 것입니다.

이 책 《상극의 희극》을 그런 마음으로 썼습니다. 한번 시작하니 미처 막을 새 없이 터져 나오는 이야기들을 받아 적듯 써내려가면서, 마음속으로 혼자 웃기도 하다가 때로는 맞장구를 치기도 했습니다.

우리가 달라서 오해했던 많은 부분이 실은 그만큼 큰 문제가 아니었다는 걸, 그냥 넘겨짚었던 사소한 부분들이 어쩌면 중요한 실마리였다는 걸, 글을 쓰는 동안 헤아리게 되었습니다.

모든 것이 정반대인 남자와 맞추어 살아간다는 것은 정반대의 모습인 나를 깨달아가는 과정이기도 했습니다. 극과 극인 우리가 그 때문에 이끌렸지만 또 그 때문에 부딪치는 것처럼, 삶은 아이러니라서 한 가지 면으로만 인생을 재단할 수 없다는 걸 이제는 알 것 같습니다.

오래도록 열망했으나 끝내 갖지 못한 것, 애쓰지 않았으나 쉽게 얻을 수 있었던 것이 한데 뒤섞여 오늘의 제 인생이 이루어진 것처럼요.

그리고 쓰면서 알게 됐습니다. 상극인 우리에게 벌어진 희극 같은 일들은, 그것이 비극으로 비화하지 않도록 곁에서 남편이 함께 애써줬다는 사실을요.

'너는 늘 내 옆에 있었어'라는 그 옛날 남편의 고백을 이제는 제가 돌려주고 싶습니다.

당신은 언제든 내 옆에 있어.

1

나와 정반대에 있는 사람

{  }

(♥)

[♪]

가늘고 긴 손가락을
사랑한 죄로

우리 아빠는 거의 다 닳아빠진 그의 랜드로바 신발 뒤축이 마음에 든다고 했지만, 나는 그의 가늘고 긴 손가락이 마음에 들었다. 할 줄 아는 거라곤 책상머리에서 펜대 굴리는 것뿐일 것 같은 손이었다.

아빠는 고등학교 선생님이었지만 그건 어디까지나 직업일 뿐이었고, 타고 나길 힘세고 부지런한 농사꾼 자질을 갖춘 경상도 사나이였다. 직진, 직주, 직언, 직설. 꾸미는 것이나 에두르는 것 없이 곧게 앞으로만 쭉쭉 뻗는 아빠의 성미가 아무런 악의도 없이 엄마를 힘들게 하는 걸 나는 내내 보면서 자랐다.

나 역시 아빠의 직간접 영향권 안에 놓였다. 열정도 성실도 단합도 다 좋지만, 쉬는 날에도 항시 부지런을 떨어야 했던 우리 가족은 고달팠다. 아빠는 빈틈없는 스케줄로 하루를 꽉 채워야 하는 사람이었다. 여름휴가를 갈라치면 새벽 5시에 출발해야 하는 시간관념을 가진 사람이었으니 우리는 눈도 채 뜨지 못하고 차에 올라야 했다.

아빠는 특히 운동의 생활화가 몸에 익은 사람이어서 작고 다부진 체형에 어울릴 만한 거의 모든 운동을 섭렵했다. 수영, 줄넘기, 달리기 같은 맨몸으로 할 수 있는 운동을 나는 다 아빠에게 배웠다.

"달리기를 할 때는 허리나 머리 같은 상체는 흔들리면 안 돼! 허리에 힘 빳빳하게 준 상태에서 앞으로 약간만 숙여. 그리고 결승점을 노려보면서 다리로만 전력으로 땅을 치고 나가는 거야!"라든가 "줄넘기를 할 때는 몸을 10센티 정도만 띄운다 생각하고 가볍게 뛰어야 돼. 줄은 손목으로만 까딱까딱 돌리고. 팔은 쓰지 마. 그래야 안 지치고 오래 해. 그렇지만 쌩쌩이를 할 때는 몸을 활처럼 앞으로 접어줘야 줄을 빠르게 두 번 돌릴 수 있는 시간을 벌

수 있지!"라는 식으로.

다행히도 내 몸은 아빠의 이론을 적절히 구현해낼 줄 알아서 나는 항상 체육 우등생이었다. 그 몸은 아빠에게 고스란히 물려받은 것이었다. 여자아이들은 좀처럼 하지 않는 말뚝박기, 물싸움, 피구 등 사춘기 시절까지 온종일 운동장에서 몸을 쓰면서 살아온 나도 인생을 대하는 아빠의 텐션은 좀처럼 따라갈 수 없었는데, 아빠는 운동이나 일상에만 열정을 쏟는 게 아니라 주말이면 논이나 밭일에도 우리를 동원하고 싶어 하셨기 때문이다.

아빠의 취미생활은 언젠가부터 주말농장이었다. 말이 주말농장이고 시작할 때나 취미였지, 시간이 갈수록 그 규모와 판세를 키우더니 이내 전업과 부업이 뒤바뀐 형태가 되었다. 훗날 우리 첫째는 할아버지의 직업을 농부라고 친구들에게 소개할 만큼 아빠는 본격적인 농부가 되셨는데, 그건 이미 아빠가 현직에 계실 때부터 일궈온 것들이었다. 시간이 갈수록 아빠의 밭은 제법 농사다운 체계를 나날이 갖춰갔다.

내가 대학생이 된 이후에는 술을 마시느라, 그 후에는

직장생활이나 연애질을 하느라 아빠 얼굴을 보기 힘들어지면서 자연스레 나는 고난의 행군에서 놓여날 수 있었지만, 아빠는 새벽에 등산을 간다든가 고구마나 양파를 캐야 한다든가 하는 그런 활동들을 언제라도 가족 모두가 함께하길 원하셨다. 건강한 신체를 가진 뒤라야 건강한 정신도 깃들 수 있다고 생각하셨기 때문이었다.

아빠와는 정반대의 면모를 가진 그가 좋았다. 상냥한 말투를 가졌으면서도 서울 깍쟁이와는 달리 어딘가엔 소박한 데가 있는 전라도 남자라는 점도 한몫했지만, 신체활동과 노동에 문외한일 것 같은 소위 엘리트스러운 성향에 난 끌렸다.

그는 새벽에 나를 깨워서 등산을 가자고 조르지 않을 것이었다. 주말에 세차라든가, 조깅이나 마라톤에 참여하자고 나를 독려하지도 않을 것이었다. 여름휴가를 아침 댓바람부터 가자고 나를 일으키지 않을 것이었다. 하루 종일 몸을 가만 놔두지 않는 사람 특유의 기 빨리는 파이팅 같은 것도 없을 것이었다.

특히 직설적인 언어 이외의 방식으로 표현하는 데 인

색한 아빠와는 다르게, 그의 하얗고 가느다란 손가락은 머뭇거리거나 망설이고 수줍거나 민망해하는 그의 마음을 고스란히 드러냈다. 어떤 말인가 하고 싶은데 그러질 못하는 표정일 때, 그의 손가락들은 어김없이 자신만의 의지와 영혼이 있는 것처럼 조바심을 내고 있었다. 어떠한 고민에 빠져 답을 보류해야 할 때면 손가락도 조용하고 가지런하게 상념에 빠진 듯 보였다. 감정을 숨기지는 못하되 조심스러운 그 손가락을 연애 기간 내내 사랑했다.

하지만 연애는 낭만이고 결혼은 생활인 법. 길고 곧은 손가락을 달란트로 얻은 대신 그의 손가락은 정말 책상 위에서만 탁월한 재능을 보였고, 그는 책상을 벗어나 몸 쓰는 많은 일에 다 젬병이었다.

요즘 우리 아빠 같은 사람이 드물다는 건, 아빠랑 똑 닮았지만 아빠 발치에도 못 쫓아가는 남동생을 통해서도 드러나는 사실이지만, 그래도 남동생에게는 아빠에게 훈련받아서 이력이 난 자의 몸짓 같은 것이 있었다.

그러니 결혼 후 남편은 몸 쓰는 일에 최적화된 아빠와의 대조 속에서 더 극명하게 일머리 없는 몸을 증명해내었다. 퇴임 후 더욱더 본격적으로 농사일에 박차를 가하는 아빠와 고구마를 뽑을 때도, 우리가 이사 갈 집에 셀프 인테리어를 한답시고 페인트며 전동 공구와 타일 같은 것들을 호기롭게 사왔을 때도 그는 번번이 힘을 못 썼다. 우리 가족의 경제 구조, 지출과 소비, 우리의 미래에 대해 펜으로 밑그림을 그리고 책상머리에서 브리핑할 때와는 사뭇 다른 태도였다.

"아니 대체 이건 몸이 잘못하는 거야, 머리가 잘못하는 거야?"

우리 첫째가 초등학교에 갓 입학한 무렵, 어린이날 선물로 네발자전거를 사주었다. 자전거 타는 법을 가르쳐주러 나갔던 나는 혀를 내둘렀다.

첫술에 배부를 리 없다는 건 모르지 않다만, 밥 한 공기를 다 떠먹여주도록 첫째는 자전거 타기라는 운동의 메커니즘 자체를 이해하지 못하고 있었다. 발을 구르면 구르는 발을 의식하느라 발이 페달에서 벗어날세라 고개를 아래로 떨구고 전방주시를 놓쳤다. 고개를 들고 앞을 보라고 외치면 어느새 발은 정지 상태였다. 어쩌다가 고개와 발이 제 역할을 하는가 싶으면 손에 쥔 핸들이 제멋대로였다.

이런 총체적 난국을 목도하며 나는 대체 머리에서 잘못된 명령을 내리는 건지, 아니면 머리는 올바른 명령을 내리는데 몸이 그걸 반영을 못 하는 건지 알 수가 없어 걸맞은 조언을 해줄 수도 없었다. 머리가 잘못된 신호를 내려 보내는 것도 맞고, 몸 역시 부자연스럽게 반응을 하는 것 같다고 머쓱하게 대답해온 남편이 첫째를 무려 보름에 걸쳐 네발자전거에 어렵사리 겨우겨우 간신히 입문시켰다.

거기서만 끝일 리가. 둘째는 유아 수준의 신체활동과 체육에서도 '겁이 많고 쉽게 지친다'는 평가를 어린이집과 유치원에서 받아 왔다. 첫째와 같은 총체적 난국을 되풀이하지 않겠다는 마음으로 나는 일찌감치 줄넘기학원엘 보냈다. 줄넘기 1회를 성공하지 못해 어려워하던 둘째는 드디어 드문드문 줄을 넘을 수 있게 되었다. 거창한 성과에 앞서 줄을 넘었다는 것 자체에 의의를 둔 내가 칭찬을 하자 둘째는 멋쩍은 표정으로 말했다.

"줄이 없으면 더 잘할 수 있는데."

그의 가늘고 긴 손가락을 사랑한 죄로 내 운동 유전자는 갈 곳을 잃은 채 기도 한번 펴보지 못하고 영영 소실되었다. 내가 우리 아빠의 몸을 물려받았듯 내 딸들도 자기 아빠의 몸을 그대로 물려받았다. 물려받지 않을 도리가 없는 것이다.

내가 그의 길고 곧은 손가락을 사랑한다는 건, 둔한 몸과 둔한 운동신경도 함께 선택했다는 의미였다. 섬세하고 아름다운 손가락과 힘 잘 쓰고 옹골찬 몸이란 아무래도 어울리는 구석이 없지 않은가.

내가 그의 길고 곧은 손가락을 사랑했다는 이유로, 머뭇거리며 할 말을 망설이는 그의 손가락 같은 성정을 내 아이들 역시 타고났다. 그녀들은 조심스럽다. 조심스럽다는 건 다칠 일이 없다는 뜻이고, 침착하고 차분하다는 뜻이다. 한 번 더 생각하고 움직이는 성미는 실수를 줄여줄 것이다. 그런 태도를 가진 만큼 그녀들은 무심결에 남에게 상처 주는 말을 하지 않을 것이며, 말하는 것보다 듣는 쪽을 택할 것이므로 다른 사람의 생각과 의견을 경청

할 줄 알 것이다. 그리고 가장 중요한 한 가지. 자전거 타기와 줄넘기는 못하더라도 책상 앞에서 펜대 굴리는 재주만큼은 누구보다도 탁월할 것이다.

내가 가장 사랑하는 부분은 필연적으로 어떠한 단점을 내포하고 있다는 사실. 살아보고 나서야 알게 된 그 단순한 진리를 그때도 알았더라면, 너는 그를 선택하지 않겠느냐고 누군가 물어온다면, 나는 뒤도 안 돌아보고 그가 아닌 그 누구라도 선택하지 않겠다고 힘차게 대답할 테다.

하지만 안타깝게도 누구라도 반드시 선택해야만 한다는 단서가 붙는다면 나는 또다시 필연적으로 그를 선택하고 말 것이다. 내게 고고히 말을 건네는 그 길고 가느다란 손가락에 이끌리지 않을 자신이 나에게는 없는 것이다.

소개팅에서 도망 간 남자

남편과는 소개팅으로 만났다. 평범하게 시작된 만남은 그러나 비범하게 끝이 났다. 소개팅남이 도망을 가버린 것이다.

그날은 구정 연휴와 이어진 휴일이었다. 여의도 빌딩 숲 사이에서 문을 연 그럴싸한 레스토랑을 찾는 게 쉽지 않았다. 밥을 먹으면 싶었지만 그는 굳이 바에서 만나자고 했다.

어느 바에서 병맥주와 마른안주를 시켜놓고 우리는 마주 앉았다. 내 앞에 앉은 그는 맥주를 몇 모금 홀짝였고, 안주에는 손도 안 대다가 화장실을 두어 번 다녀오더니 얼굴이 허옇게 질려서는 만난 지 두 시간도 안 돼 집에 가버렸다. 정말 '가버렸다'고밖에 표현할 길이 없는 모양새로 미련도 없이 일어서더니 허둥지둥 나갔다.

그날 하필 장염에 걸렸던 남편은 이미 한차례 미룬 소개팅을 다시 잡은 날이라 아픈 몸뚱어리로 순한 메뉴를 파는 밥집을 수소문해봤지만 실패했으며, 그나마 조용하고 차분한 분위기의 바를 겨우 찾아 장소를 정했다는 사실을 후에야 알게 되었다.

괄약근과 밀당하느라 약속을 다시 한번 미룰까 수차례 고민했지만 주선자에 대한 예의를 다하고자 억지로 나왔고, 일부러 메뉴판에 따뜻한 차도 있는 곳을 골랐지만 차마 쪼다 같아 보일까 봐 차를 시키진 못했다고 뒤늦게 고백했다. 소개팅 성공률이 0%에 수렴했던 그로서는 그날 처음으로 마음에 드는 상대를 만나게 될 줄 몰랐기에 괄약근만 원망하며 '또 망했구나' 하면서 집으로 갔더란다.

그날 소개팅이 망했다고 생각했던 건 그만은 아니었다. 아무리 직설적이고 즉흥적인 나라고 해도 주선자의 체면과 노력을 생각해 최소한의 예의는 지키려 애썼다.

술은 적당히 목만 축였고, 언뜻 봐도 말주변 없고 센스도 없을 그에게 집중하려고 안간힘을 쓰고 있었다. 그런데 아무리 집중을 하려 해도 딱히 매력도 없어 보이는 데다, 대화를 좀 하려고 하면 화장실을 가고 또 가서 맥을 끊더니 도중에 훌쩍 가버리고 말았다.

그에게 할 욕을 주선자에게 전화해서 사발로 들이붓고 집으로 돌아오는 길에 동네 친구를 불러내 술을 마셨다. 소개팅쯤이야 아무렴 어때. 다음 기회는 또 올 거였고, 마침 긴 연휴였으며, 유효기간이 며칠은 지속될 안줏거리가 있었다. 그리고 우리는 젊은 술꾼이었다. 새벽까지 또 주거니 받거니 신나게 술잔을 기울이다가 네 발로 기어갔다는 얘기.

그날 소개팅으로 얹힌 가슴은 친구와 다 풀었다고 생각했고 이미 그는 지워버린 사람이었는데, 집에 돌아가던 새벽길에 무슨 객기가 발동했는지 그에게 전화를 걸었다. 맨정신이라면 결코 하지 않았을 것이다.

"저를 버리고 가시더니 주무시나 봐요."

그렇게 로맨틱이나 낭만과는 거리가 먼 시작으로 우

리는 연애라는 것을 하게 되었다.

"죄송한 마음에 어떻게 해야 할지 고민하느라 차마 연락도 못 드렸네요."

도발적이고 호전적인 나의 멘트에 뜻밖에도 진지하고 엄숙한 사과로 화답을 받은 나는 술김에도 황송했던 기억이 난다. 맨정신이 아니었음에도 그의 사과에서는 진심이 느껴졌고, 그게 내 마음 한 켠을 비집고 들어왔다.

교집합이라고는 없는 사이

"너는 날 소개팅에서 만난 걸 감사하게 생각해라, 평생."
"진짜로 감사하는 중이야. 네가 내 옆자리 동료라고 생각하니 아찔하다."

남편과 나. 우리가 소개팅이 아니라 대학교 동기로 만났더라면, 혹은 직장 동료로 만났더라면 우리는 분명 서로를 경멸했을 것이라고 자신 있게 말할 수 있다. 한 공간, 같은 소속으로 묶여 있었다 해도 말 한번 섞지 않았을 사이라고 확신할 수 있다.

접점이나 교집합이라고는 1도 없는 사이, 그게 우리다. 융통성이라고는 없는 꼬장꼬장한 원칙주의자에 술도 못 마시는 핵노잼 인간고구마, 나는 남편을 그렇게 보았을 것이 틀림없다. 계획이라고는 없이 그때그때 요령으로 비벼보려는 주제에 술자리는 절대 안 빠지는 인간능구렁이, 남편은 분명 나를 그렇게 생각했을 것이다.

우리는 서로를 극혐하며 양극단과 대척점에 있었을 것인데, 다행히 우리는 학교도 회사도 아닌 소개팅에서 만났다. 애초부터 '연인'을 염두에 두고 만났으니, N극이 S극에 끌리듯 맥시멀리스트가 미니멀리스트를 동경하듯 나에게 없는 걸 가진 상대에게 자연스럽게 끌렸다.

우리의 만남은 쉽게 시작되었지만, 주당 여자와 알쓰 남자의 연애가 순조롭게 진행되었을 리 없다. 주당과 알쓰의 구별은 단순히 술에 대한 호불호에 국한된 게 아니었다. 그들은 성향과 기질이 근본적으로 다른 종자들이었다.

그는 내가 저녁 약속이 있는 날이면 내내 불안해하며 전화를 걸어오기 바빴고, 본인이 저녁 약속이 있는 날이면 자신의 동선을 나에게 알리기 바빴다. 둘 중 하나라도 술 약속이 있는 시간에는 반드시 서로의 위치가 확인이 되어야 했다. 아니 술자리에 있을 때는 생존 신고만 하면 되지, 니가 어디 있는지 안 궁금하다고요, 라고 말하는 나와는 정반대의 태도였다.

갈등이 생겼을 때 술 한잔 하면서 풀길 바랐던 나와 달리 그는 맨정신으로 진지하게 이야기 나누고 해결하길 원했다. 스트레스를 풀기 위해 친구들과 술을 마시는 나와는 다르게 술을 마시면 스트레스가 쌓이는 그는 그걸 다르게 해소해야 했다. 게임으로 밤을 지새는 그와 술로 밤을 보내는 나, 술자리에 쓰는 돈이 가장 아까운 그와 술자리에서 호기롭게 지갑을 여는 나. 주당과 알쓰 사이에는 죽을 때까지 만나지 못할 평행우주가 놓여 있었다.

우리가 다르다는 건 갈등의 씨앗이 되었고, 그거 하나만으로도 우리는 얼마든지 헤어질 수 있었지만 그는 나를 이해하려고 노력했다. 하도 어이가 없어서 하는 자문자답의 형태를 띨 때도 많았지만 왜 그렇게 술이 좋은지, 술 마시며 밤새 할 얘기가 왜 그리 많은 건지, 죽겠다는 숙취에 시달리면서도 대체 왜 술은 끊지 못하는지를 물어왔고 논리라고는 없는 내 대답들에 고개를 끄덕였다.

애주가인 나로서는 술을 좋아하는 일이 왜 누군가의

이해를 필요로 하는지, 술 안 마시는 그를 나도 힘껏 이해하려 노력하는데 왜 나만 이해받아야 하는 처지인 건지 억울해질 때도 많았다. 나도 매사에 진지한 인간인 그를, 그래서 별스럽지 않은 삶의 무게도 수십 톤으로 받아들이는 그를, 친구든 누구든 툭 터놓고 스스럼없이 지내는 법 없이 오로지 예의와 매너로만 관계 맺는 그를 어떻게든 이해하고 있단 말이다.

그러나 우리 엄마가 그를 좋아한다. 내 친구들이 그를 믿는다. 남사친들이 그를 유니콘이라고 부른다. 아무리 세상이 변했다 한들 술 좋아하는 사람과 그렇지 않은 사람이 있다면 누구라도 술을 좋아하지 않는 사람의 손을 들어줄 거란 현실은 인정할 수밖에 없다. 그것만으로도 내가 그에게 고마워해야 할 이유는 충분했다.

술과 사랑, 내 인생의 중요한 두 의미 안에서 이해하는 법과 이해받는 법을 어렵사리 배웠다. 숱하게 싸우고 지지고 볶고 나서야 가까스로 평행우주의 각도는 조금씩 안쪽으로 기울었다. 서로 다른 우주를 이고 뿌리를 내린 그와 내가 서로를 품는다는 건, 이해라는 말로는 부족할 만큼의 깊은 이해가 필요했다.

그건 때로는 포기이기도 하고 체념이기도 했다. 희생이나 용서처럼 숭고하게 포장할 수 있을 것도 같다. 어떤 때는 배려를 받고 있다고 느낄 때도 있었고, 아이를 키우는 우리에게는 그 배려가 양보이기도 했던 것 같다.

사랑이 시작될 때 그것은 사랑의 모습이기만 하지만, 사랑이 지속될 때 그것은 이해와 포기, 체념, 희생, 용서와 같은 모습일 때도 있다는 걸 그와의 관계 속에서 배웠다. 배려나 양보가 실은 사랑의 다른 이름일 수 있음을 알게 되었다.

결혼 16년 차, 주당의 위치는 내려놓고 애주가로 살고 있는 나는 이제 남편과 맥주 한잔 하면서 해도 그만, 안 해도 그만인 얘기들을 나누는 저녁 시간에 대한 로망을 완전히 버렸다. 왜 하루의 마무리를 흐릿한 정신으로 해야 하냐는 그에게는 기대할 수 없는 낭만이었다.

수많은 술자리를 쳐냈지만 마지막까지 포기할 수 없는 단 하나의 모임을 그는 이제 받아들인다. 여전히 이해하지 못하지만, 끝까지 달려야만 끝나는 내 친구들과의 모임에 그는 오분 대기조를 자처한다. 아니 안 와도 된다니까? 택시 타고 싶다니까? 라는 내 말에도 아랑곳하지 않는다. 원치 않는 배려를 받으며 그래 봐야 1년에 한두 번, 많아야 세 번이라고 그의 수고를 평가절하하는 나에게 엄마는 말한다.

"호강에 겨워 요강에 똥 싸고 있네."

떨어져 있어도
너는 늘 내 옆에 있어

첫째의 임신 사실을 알게 된 것은 임신한 지 6주 정도 되었을 때였다. 젤리빈 같은 아기집 안에 작디작고 동그란 점 하나가 보였는데, 그렇게 세찬 심장 소리로 자신이 살아 있음을 알려주다니 가슴이 벅차고 기특했다. 선생님은 적어도 8주 이상은 되어야 안정기에 접어들었다고 할 수 있으니 지금은 절대 안정을 취해야 할 시기라고 재차 삼차 강조했다. 나의 호주행은 그렇게 좌절되었다.

남편 회사에서는 직원들에게 호주 어학연수 기회를 제공하고 있었는데, 추가 비용을 내면 배우자도 함께 갈 수 있었다. 우리는 결혼 당시 여러 사정상 추석에 신혼여행을 가게 되었다. 해외이긴 했지만 동남아는 한국인들의 인기 여행지라 이미 6개월 전부터 인기 많은 휴양지들은 선점된 상태였다.

우리에게는 마지막까지 남아 있던 필리핀의 인기 없는 풀빌라밖에 선택지가 없었다. 추석 연휴가 임박해서까지 남아 있는 숙소라니. 그 얘기만 들어도 이미 가고 싶지 않았는데, 아니나 다를까 그곳은 우리 부부가 두고두고 회자할 만큼 위생이나 분위기, 서비스 등 어느 하나 빠지지 않는 모든 면에서 최악인 곳이었다.

말이 어학연수지, 여행이나 다름없을 호주행은 그런 쓰라린 기억을 만회할 수 있는 찬스였다. 그러나 1센티도 채 되지 않는 첫째가 손 하나 까딱 않고 나의 호주행을 가로막았다.

거듭된 고민 끝에 남편은 혼자 떠났고, 나는 친정에서 지내기로 했다. 지금 생각해보면 엄마 아빠와 아무런 방해꾼 없이 결혼 전의 딸로 돌아가 지낸 평화롭던 그 한 달은 내 인생에 다시 없을 황금기였다.

수확 시기가 얼마 남지 않은 봄철의 마지막 딸기를 원 없이 먹었고, 개나리며 진달래가 피어나던 친정 근처의 익숙한 천변을 엄마와 무시로 산책했다. 마음이 심란하거나 반대로 기꺼울 때 엄마가 가끔 찾던 강화도에 있는 절에 다녀왔고, 엄마 아빠와 함께 제철 주꾸미를 먹으러 다녔다. 아빠의 밭에 가면 지천에 널려 있던 냉이와 쑥, 달래를 캐와서 달래장을 만들어 양배추 쌈을 해먹었고, 엄마는 자주 냉이 된장국을 끓여주었다. 입덧을 전혀 하지 않은 나는 그때 먹었던 달래장이며 냉이 된장국의 맛을 영영 잊지 못할 것이다.

든 자리는 몰라도 난 자리는 표가 나는 법이라 평화로운 시간을 보내는 와중에도 남편이라는 존재가 어깨 위의 우루사처럼 마음속에 무겁게 앉아 있었다. 단순한 궁금증이나 혼자 떠난 데 대한 원망이랄 수는 없을 그 마음의 정체는 아마 그리움이었겠지. 지금 생각하면 그렇다.

하지만 그때는 나도 모를 호르몬의 습격으로 시도 때도 없이 졸리고 까라졌고, 갑자기 기분이 바닥이라도 뚫을 듯 우울해지기도 했으며, 그러다가 또 밑도 끝도 없이 정지 화면처럼 머리와 가슴의 작용이 멈추기도 했던 시기라 그 마음을 어떻게 해석해야 할지 몰랐다. 뭘 하든 뇌리에 새겨져 시시때때로 떠오르는 남편이 성가시다고 여겼던 것 같다.

남편은 호주에서 새롭게 페이스북 계정을 만들었다. 거기에 자신의 일상과 안녕을 매일 기록했다. 그건 바로바로 알람으로 떠서 나는 실시간으로 그의 하루를 확인할 수 있었다. 어학당에서 만난 외국 친구들과의 소통을 위해 페이스북에 가입한 것이겠지만, 남편이 올리는 호주 곳곳의 관광지와 음식, 친구들을 보니 가보지도 않은 호주가 벌써 친근했고 얼마 뒤에는 아련한 기분으로 다가왔다.

그가 한국에 돌아오기 일주일 전쯤, 부모님 집으로 코알라와 캥거루가 그려진 엽서 한 장이 도착했다. 그가 쓴 것이었다.

그는 길고 고운 손가락과는 어울리지 않는 악필이었고 내용 역시 시덥지 않았다. 한마디로 호주의 바람과 공기를 실은 낭만적인 편지 한 통과는 거리가 먼, 오히려 장난스러운 쪽지에 가까운 엽서 한 장이었다는 얘기. 그러나 마지막에 쓰여 있던 한 문장이 가슴에 들어와 박혔고,

나는 평생 그 문장에 발목 잡힐 것임을 보자마자 알 수 있었다.

'호주에서도 너는 늘 내 옆에 있었어.'

우리 결혼생활에는 숱한 위기와 아슬아슬한 순간들이 수시로 찾아왔다. 꼴도 보기 싫은 순간들도 당연히 있었고, 그럴 때면 미련 없이 털고 일어나는 도박꾼처럼 도망쳐버리고 싶었지만, 그때마다 최후의 순간에 나를 돌려세워준 단 한 문장. 서로 미워하는 눈을 하고 칼 같은 말을 내뱉을 때 떠오르던 말은 삐뚤빼뚤하게 쓰여진 그 한마디였다. 아이러니하게도, 남편에게 받은 상처를 달래주고 위로해준 것은 남편의 문장이었다.

아무리 멋들어지게 생긴 남자 주인공이라 한들 이렇게 손발 오그라드는 대사를 해도 멋있을 수 있을까. 중학생인 첫째에게도 안 먹힐 것 같은 저 말이 유효기간도 없이 언제든 와락 달려와 나를 위로해주고 안아준다는 사실을 자각할 때마다 부끄러워진다. 꼭 유치한 대사에도 쉽게 감동받는 내 가슴속 소녀를 들킬 것 같은, 나만 알고 있는 비밀스러운 길티 플레저.

그래서 나는 이 문장에 대한 얘기를 다른 사람들은 물론 남편에게도 하지 못했다. 마흔 중반에 이른 내가, 여행지에서 한껏 들뜬 기분에 썼을, 그는 기억도 하지 못할 한 마디를 가슴에 품고 산다는 사실을 털어놓기가 창피하다.

오늘 이렇게 이 얘길 꺼내는 것은 며칠 전 남편이 한 뜻밖의 말 때문이다. 함께 저녁을 먹다가 참 느닷없고 맥락 없는 순간에 그가 말했다.

"나는, 잊어버려! 하고 큰소리로 얘기해주던 당신 목소리가 참 든든하더라."

앞만 보고 살아온 남편에게 앞으로 나아가는 데 있어 최대의 적은 과거의 자신이었다. 더 잘하지 못했던 나, 오늘 아는 것을 어제는 몰랐던 나, 하지 않을 수 있었던 실수를 저지른 나. 과거의 나는 내 주변을 맴돌면서 오늘의 나를 방해했다. 내일의 나도 위태로웠다. 그건 남편의 성격이었다.

내지르고 싶은 스케일과 이루고 싶은 성과에 비해 멘탈이 약하고 자책을 자주 하는 성격이 그가 더 잘할 수 있는 기회를 놓치게 한다는 걸 나는 연애 시절부터 알고 있었다. 내가 해줄 수 있는 것도, 바꿀 수 있는 것도 없어서 무기력한 한편, 그의 자책과 후회를 들을 때마다 피곤해졌다.

"그럴 수도 있지."

"그냥 잊어버려!"

"다음부터 안 그러면 되는 거야."

위로일 수 있나, 이런 말들이? 그에게 잊으라고 말한 건 그저 내가 그렇게 생겨먹은 인간이라서였다. 내일 걱정은 내일 모레하자, 어떻게든 되겠지, 일단 자고 일어나서 생각하자, 하는 내 성격이 그를 어떤 식으로 안심시켰는지는 모르겠다.

그는 자신이 시궁창에 빠졌을 때도, 긴 터널을 지날 때도 옆에서 다그치거나 재촉하지 않고 지나간 일은 잊으라고 얘기하며 옆에 있어주던 내가 위로였다고 말하고 있었다. 바로 옆에 바짝 붙어 있었지만 그가 언제 시궁창에 빠졌다는 건지, 긴 터널은 대체 언제 지나온 건지 나는 모르겠다.

멀지 않은 미래에 남편에게도 꼭 얘기해줘야겠다. 오

래전 당신이 내게 쓴 한마디가 이 시간까지도 나를 여기, 당신 옆에 꼭 붙들어두고 있다는 사실을 아느냐고.

산책 중독

우리는 첫 아이에게 '혜안'이라는 이름을 지어주었다. 사물을 꿰뚫어보는 안목과 식견이라는 흔히들 알고 있는 뜻의 혜안(慧眼)을 염두에 두었지만, 인명에 잘 쓰지 않는 '눈 안(眼)' 대신 '난초 혜(蕙)'와 '편안할 안(安)'을 한자로 표기했다.

우리 곁을 스쳐 지나가며 생명력을 얻지 못한 수백, 수천 가지의 이름이 조금도 아쉽지 않을 만큼 나는 혜안이란 이름이 마음에 쏙 들었다. 아이 이름이 예쁘다는 칭찬을 들을 때마다 이름 짓기에 주도적 역할을 한 남편에게 고마우면서도 한편으로는 기가 질릴 만큼 지겹다는 양가적인 감정이 이는데, 그것은 아무래도 달디단 열매를 따먹기 위한 지난한 과정이 함께 떠올라서일 것이다.

임신의 전 기간에 걸쳐 아이 이름을 짓는 데 심취한 남편은 온갖 방법을 동원해 이름 짓기에 골몰했다. 우리가 정한 이름의 조건은 다음과 같다.

1. 고전적인 고대국가의 공주 느낌이 나면서도 촌스럽지 않을 것
2. 현대적인 느낌이 가미되지만 너무 유행하는 이름은 아닐 것
3. 전 연령대에 걸쳐 불리어도 어색함이 없을 것

이름에 대해 크게 의미를 부여하거나 생각해본 적 없던 나는 당연히 남편의 기대치를 크게 밑도는 수준으로 이름 짓기에 동참했고, 그게 불만이던 그는 언젠가부터 산책을 가자고 제안했다. 걷기 좋아하는 그에게 산책은 생각을 정리하는 방식이자 답을 구하는 과정이었다. 완벽에 가깝고자 하는 성향을 가진 그에게 산책만큼 생각을 떠올리기에 좋은 방법은 없었다.

브레인스토밍이나 마인드맵이라고도 칭할 수 있을 이 방법은 애초부터 나와 맞지가 않았다. 내일 걱정은 내일모레 하는 성미를 가진 나는 기한의 마지막 순간까지 결정을 보류하고 외면하다가 데드라인이 도래하면 그날 기분에 맞게 결정을 내렸다. 까짓것 이유는 나중에 갖다 붙이면서 살아왔다.

기실 결혼이나 집 장만, 퇴사나 손절같이 생의 중대한 결정들은 감정적으로 내려지고, 논리적인 설명은 그 뒤에 갖다 붙여진다. 나만 그런 게 아니라 증명된 결과들이 그렇다. 그래도 절대 넘지 말아야 할 바운더리라는 건 나에게도 있는지라 아슬아슬한 선을 지켜오며 큰 불편과 불행 없이 지금껏 잘 살아왔다.

거기다 고작 아이 이름 아닌가. 작명소도 있고, 근거는 딱히 없지만 사주팔자가 좋다는 평가를 늘 받아온 내 이름의 창작자인 우리 아빠도 있었다. 부르면서 정들고 커가면서 애정이 생기는 게 이름일 텐데, 왜 저렇게 세상에 존재하는 이름이랄 수 있는 모든 조합을 다 꺼내보려 하는지 이해가 안 됐다. 거기에 왜 늘 세트로 따라가는 사은

품처럼 내 의지와는 무관하게 동참해야 하는지도 알 수 없었지만, 신체와 정신의 활동량이 현저히 떨어진 임산부에게 유일한 운동이라는 심정으로 산책길에 따라 나서기 시작했다.

여느 날과 다름없이 이름 짓기에 골몰하던 그가 산책길에서 새로운 제안을 해왔다. 지하철 노선도를 보면서 역 이름에 들어가는 발음들을 조합해 이름을 만들어보자는 거였다. 이건 또 무슨 개소리인가 싶었지만 한편으로 머리를 굴려보니 지하철역 중에는 서현, 아현, 미아, 혜화처럼 발음이나 조합이 곱고 예쁜 이름이 많았다. 마지못해 응하는 척했지만 하다 보니 자존심 상하게 조금씩 재밌어졌고, 나중에는 도시나 동네 이름으로도 해보자며 적극적으로 의견을 개진하기에 이르렀다.

"혜안 어때, 혜안?"

온갖 역과 인명, 동네와 지역명을 헤집어보며 수없이 많은 조합을 거친 끝에 갑자기 남편이 이렇게 외쳤을 때, 나는 이것이 우리 아기의 이름이 될 거라 직감했다. 그리고 우리가 이름을 확정 짓고 아이가 태어날 무렵 나는 이미 산책에 중독되어 있었다.

몇 번의 연애를 거치는 동안 '내가 만약 내 인생을 누군가에게 걸어야 한다면 그게 이 사람이어도 괜찮겠다'라고 최초로 생각하게 만든 사람이 남편이었다. 그건 뭐 어떤 거창한 사건이나 이벤트 때문이 아니라 그와 대화를 하면서 느낀 '잡담의 희열' 때문이었다. 우리는 서로 교집합이 없는 반대편에 선 사람들이지만 그렇기에 한자 요철(凹凸)처럼 딱 맞아떨어지는 조합으로 서로의 부족한 부분을 보완해주며 살아갈 수 있지 않을까, 하는 확신이 거기에서 왔다.

하지만 결혼과 함께 잡담의 희열은 사그라들었다. 애인에서 배우자로 명칭만 바뀌었을 뿐인데 우리는 세 마디 이상 나누면 싸운다는 여느 부부들처럼 생존을 위한 대화만을 나누게 됐다. 대화의 권태기는, 그 역할은 끝났으되 불씨가 꺼지지 않는 아궁이 속 장작처럼 뜨뜻미지근하게 지속되고 있었다.

오래도록 잊고 지낸 잡담의 희열은 뜻밖의 아이 이름 짓기로 불씨가 되살아났다. 그것을 시작으로 우리는 종종 산책을 나가 수다를 떨었다. 회사 욕에서 시작된 이야기는 경력과 미래, 이직에 대한 이야기로 이어졌고 확신을 가진 남편은 그걸 실행에 옮기며 몇 차례 이직에 성공했다. 요새 살이 좀 찐 것 같다는 이야기는 건강과 식단, 운동에 대한 이야기로 발전했다.

쓸데없는 잡담으로 시작해 몸피를 불려가며 풍성해지는 대화는 남편과 나를 같은 곳을 바라보며 같은 그림을 그리는, 결이 비슷한 사람으로 만들어주었다. 모난 우리를 조금씩 서로에게 맞춰갈 수 있게 다듬어주었고, 평행우주 같은 각자의 세계를 조금씩 가까워지게 했다.

계절이 변해가는 시기, 살결에 닿는 바람이 달라지고 해가 눈에 띄게 길어지거나 짧아지는 저녁 무렵 우리는 함께 산책을 한다. 가벼운 옷차림으로 물 한 병 가지고 나서는 산책길은 익숙함으로 긴장을 풀어주고, 돌아갈 집과 내 동반자가 바로 지금 여기에 있다는 안도감은 나를 편안하게 한다.

요즘 내 최대 관심사이자 고민거리는 미래에 관한 것이다. 육아휴직 중인 나는 현재의 내 일이 적성에 안 맞아서 복직을 할 것인지, 퇴직을 할 것인지, 창업을 할 것인지, 그도 아니면 전업주부로 남고 싶은 것인지 도무지 모르겠다. 하고 싶은 건 무엇이고, 할 수 있는 건 무엇인지, 둘 중 우선순위는 어떤 것이어야 하는지 꼬리에 꼬리를 무는 고민을 하다 보면 심란하고 뒤숭숭한 마음이 된다. 그렇게 답도 없이 아무것도 손에 잡히지 않는 채 시간을 허비하는 날들이 많다.

사십 대 중반에 들고 보니 패기 있는 도전보다 현재 손에 쥔 것들을 지키는 게 여러모로 나을 수 있다는 걸 몸소 알게 된 탓이다. 그렇지만 후회만 하다가는 영영 아무 일도 일어나지 않는다는 것 또한 알고 있다. 이런저런 고민들로 발걸음을 차마 떼지 못한 채 종종대다가 나는 남편에게 말한다.

"여보, 우리 산책 갈까?"

산책에서 돌아올 때쯤 답은 마련되어 있을지도 모르겠다.

검소한 명품주의자

어렸을 적부터 나는 용돈이나 공돈이 생기면 옷을 사는 데 썼다. 그때부터 수많은 옷을 수없이 사고, 입어보고, 반품하고, 되팔고, 갖다버리고, 후회하면서 다시 사 모으기를 반복했다. 그게 결과적으로 돈을 갖다버린 결과를 낳았다는 데 초점을 맞춘다면 딱히 반박할 말은 없다.

그렇지만 나름의 변명은 할 수 있는 게, 그런 일련의 과정을 거듭하며 소비 자체에 커다란 즐거움이 있다는 것과, 그게 나의 타입과 취향을 결정하는 하나의 방식이 된다는 걸 알게 되었다. 이제는 확고한 취향과 선호도가 생겼고, 어떤 옷이 나에게 잘 어울리고 나를 돋보이게 해주는지 안다. 오래 입어도 깨끗하게 유지할 수 있는 재질이나 계절별로 고급스러우면서도 비싸지만은 않은 의상을 고르는 법도 안다.

그건 실패가 현저히 줄었으므로 옷을 사는 데 더 이상 그렇게 많은 돈을 투자하지 않아도 된다는 뜻이다. 옷뿐만이 아니다. 내가 어떤 물건이나 서비스에 지갑을 여는 건 나의 기호와 선호에 대한 데이터베이스를 쌓아가는 일이다.

물건은 특히, 결제를 마치고 비로소 내 것이 되었을 때보다 여러 선택지들을 살펴보고 추리고 비교하고 그것을 가진 내 모습을 상상하는 과정이 사실 제일 즐겁다. 그런 고민의 즐거움과 행복이 이미 물건 값에 포함되어 있다고 생각하는지라, 나는 최대한 고심과 번복을 거듭하며 충분히 그 과정의 즐거움을 누린 끝에 결정을 내린다. 실로 돈이란 쥐고 있는 사람이 갑이라서, 지불하기 전까지는 그 돈을 가진 자에게 소비의 기쁨을 누릴 권리가 있는 것이다.

그래서인지 그렇게 일단 내 손에 들어온 물건은 마르고 닳아 제 기능을 다하지 못할 때까지 싫증 없이 쓰는 편이다. 동시다발적이면서 다방면으로 뻗쳐 있는 나의 관심사와 그에 따른 소비를 실천하는 이유로 이번 생에 나는 미니멀리스트로 살기는 틀렸다.

이런 나의 소비 패턴과 성향을 남편은 이해하지 못했다. 그에게 쇼핑이란 '필요한 물건을 사는 일' 이상도 이하도 아녔다. 살 것을 고르는 과정은, 돈 쓰는 것도 서러운데 시간까지 써야 하는 일이었고 그래서 생략되기 일쑤였다. 좋아하는 브랜드나 스타일은 물론이고, 자신이 살 물건에 어떠한 선택지가 있는가도 당연히 몰랐으므로 그에게는 소비가 그저 곤욕일 뿐이었다. 그러다 보니 소비재들의 여러 특성 중 그에게 어필하는 부분이라곤 '싸고 양 많은' 것일 따름이었으니 그렇게 고른 물건에 취향과 기호, 내구성과 품질이 보장되었을 리 없었다.

연애 시절, 처음 그의 집에 놀러갔을 때 나는 아무런 취향이 반영되지 않은 그의 소비 성향을 단박에 알아챘다. 취향 없음이 그의 유일한 취향이었달까. 하지만 그때는 우리 둘 다 어렸고, 소비보다는 소득, 지출보다는 저축에 초점을 맞출 때였으며, 무엇보다 내가 쓸 물건도 아니었으니 그의 소비 성향이 하등 문제될 게 없었다.

　문제는 결혼 후 그가 쓰던 각종 살림살이들과 그가 입던 옷, 소지품들이 망가졌을 때 다 내다버리면서 생겼다. 그는 또 아무 물건이나 '적당한 대로' 고르려 했고, 나는 일단 '저렴하기만 한' 건 피하고 이것저것 꼼꼼히 비교하고 따졌으니 그의 피로도는 높아만 갔을 것이다.

　왜 커피머신을 종류별로 시음해봐야 하는지, 왜 점퍼 한 벌을 살 때도 브랜드별 재질별로 치수와 특징을 비교해봐야 하는지 그는 이해하지 못했다. 그렇게 구매한 물건이 기대에 못 미쳤을 때 실망도 커서 그의 원망을 들어야 했던 것도 비슷한 이유였다. 시간과 돈을 낭비했다는 것.

　연애 시절에는 백화점이나 쇼핑몰에 가면 적당히 장단을 맞춰주던 그의 모습은 그저 시늉이었을 뿐이라는 게 결혼 후 드러났다. 입구에 당도하면서부터 백화점 냄새에 코를 벌름거리던 나와는 달리 그는 벌써 피곤해했고, 쇼핑이 길어질 조짐이 조금이라도 보이면 자기는 휴게공간에 있을 테니 보고 싶고 입고 싶고 둘러보고 싶은 만큼 보고 나서 전화하면 그 앞으로 가겠다고 선언했다.

그랬던 그가 달라지기 시작한 건, 우기고 우겨서 내가 선택했던, 그의 표현을 빌리자면 '비싸기만 한' 물건들의 A/S를 본격적으로 받게 되면서부터였다. 그간 SPA 브랜드에서 아무렇게나 골랐던 점퍼는 지퍼가 고장 나거나 구멍이 나면 미련 없이 버렸다. 그런 브랜드들은 정체성이랄 게 없이 누가 봐도 기능과 목적에 충실한 '그냥' 점퍼, 그 자체였던 데다가 빠른 회전과 많은 판매가 목적이었으므로 애초부터 내구성을 염두에 둔 옷들이 아니었다.

그에 반해 그는 진정 파괴의 손을 가진 사나이였다. 툭 하면 지퍼를 고장 냈고, 도대체 왜인지 모르겠지만 주머니 안쪽이나 표면에는 구멍이 났다. 브랜드에서 가격을 좀 더 주고 구매했던 옷들은 지퍼 교체는 물론, 패치워크를 이용해 티 안 나게 구멍을 메워주거나 거위털을 충전해주는 서비스까지 해주었다.

처음에 그는 눈이 휘둥그레졌다. 이미 사 입은 옷의 품질을 사후에 보증해주는 시스템이라니, 신세계였다. 소정의 비용을 지불해야 할 때도 있었지만 그는 피케셔츠의 카라와 팔뚝의 시보리를 새로운 걸로 교체할 수도 있다는 걸 처음 알게 되었다.

또, 계통도 조합도 없이 제각각 사와서 쓰던 몇 천 원짜리 접시가 아니라 어떤 브랜드에서는 깨진 접시를 1년 내에 가져가면 새로운 것으로 다시 내어준다는 사실을 알게 됐다. 커피머신을 A/S에 맡겨야 했을 때, 그 머신이 오래된 모델이라 단종되었으면 보상판매라는 제도로 시중가보다 훨씬 낮은 가격에 새 기계를 들일 수 있다는 것도 알게 되었다.

그는 브랜드 제품들의 A/S를 극찬했다. 싸고 양 많고 질은 보장되지 않은 제품을 계속해서 구입하는 것보다 가격을 좀 더 주더라도 오래도록 쓸 수 있는 걸 구매하는 게 여러모로 낫다는 걸 그는 지금 막 깨달아가는 참이다. 그리고 비로소 그에게도 아끼거나 애착 가는 물건들이 생겨났다.

얼마 전에는 그가 제법 고가의 낡은 서류가방을 A/S 맡기는 걸 보았다. 소가죽으로 견고하게 만들어진 에토프 색상의 그 가방은 이제 제발 나를 놓아달라고 아우성치는 것 같았다. 모서리의 파이핑 마감 부분은 가죽이 다

닳아서 이미 가죽은 온데간데없이 앙상한 파이프만 양쪽으로 다 튀어나온 상태였고, 어깨끈 끝에 걸려 있던 고리는 도망을 가고 없었으며, 가방의 몸체 부분도 그에게 시달렸던 숱한 세월을 증명하듯 수없이 많은 스크래치에 몸살을 앓고 있었다.

신혼 초에 단지 라스트피스라는 이유만으로 저렴해서 급하게 샀던 그 가방이 사망 선고를 받게 되자 나는 솔직히 아쉽지 않았다. 그래서 10만 원가량에 그걸 기어이 A/S 보내려는 그를 이해할 수 없었다.

그러나 한국의 애프터 서비스 제도를 무한 신뢰하게 된 그는 매장에 직접 방문해서 그 가방을 수선 맡겼고, 수많은 물건들의 재탄생을 지켜봐왔다 자부한 나마저도 놀랄 만큼 가방은 거의 새것이 되어 돌아왔다. 그는 가방을 떡하니 보여주며 가방의 몸체를 조심스레 쓸어보였고, 그 가방은 과거에 우리의 결혼생활을 모조리 지켜봐왔듯 앞으로도 쌩쌩하게 우리의 여생을 지켜볼 태세로 다시 태어났다.

"여보, 돈이 없을 수는 있어도 물건이 없을 수는 없어."

내 소비의 총체가 나라고 얘기하는 내게 남편은 말한다. 그는 여전히 과한 소비를 경계하고, 언제나 예상치 못한 지출을 염두에 두고 예비비를 모아두는 사람이다. 몸은 힘들지언정 아껴야만이 마음 편한 사람이다. 그러면서도 다이소에 가면 싸고 양 많은 물건들에 혹해 만수르처럼 3만 원어치씩이나 재활용봉투 그득 담아오는 게 그다.

그렇다고 해도 남편은 확실히 달라졌다. 거리낌 없이 지출을 택하는 분야가 확실해졌고, 무엇을 사려 할 때 가장 행복한지 소비에 앞서 고심하는 과정을 누리고, 사용 내내 만족감이 지속될 물건을 골라 구입을 결정한다. 그는 이제 막 '잘 쓰는' 사람으로 거듭났다고 한다면, 옆에서 끊임없이 부추겨온 소비요정의 자기변명밖에 안 되려나.

벌써 몇 번째 다이어트

우리 집에는 짧게는 몇 개월부터 길게는 십여 년도 더 된 정장들이 사이즈별 계절별로 족히 스무 벌은 넘게 걸려 있다. 그것들은 디자인은 물론이고 색도 엇비슷해서 마치 자가증식에 성공한 생물처럼 좁은 드레스룸을 떡하니 차지하고 있다. 상의 한 벌당 바지는 두세 개씩 세트로 구매했고, 그에 맞게 흰 와이셔츠들도 같이 샀으니 부피로만 따져도 무시할 양이 아니고 금액으로만 따져도 만만치가 않다.

여러모로 봤을 때 우리 집에서 존재감만은 확실한 게 남편의 정장이다. 그러니 생활지능이 거의 0에 수렴하는 남편이 상하의를 짝짝이로 입고 출근을 하기도 하고, 한

여름에 떠 죽을 두꺼운 겨울 양복을 꺼내 입거나 겨울에 속에 훤히 비치는 여름 셔츠를 입고 나오는 것도 흔한 일이다.

옷은 입지 않고 걸어만 둬도 세월이 내려앉는지라 시간이 가면 미세하게 오래된 티가 나게 되어 있다. 그래서 오래된 것들 중에 사이즈가 안 맞는 (정확히 말하면 작아진) 정장이 안 그래도 좁은 드레스룸을 시꺼멓게 차지하고 있는 게 내내 신경 쓰여 몇 개씩 추려서 내다버린 적도 있다.

하필 얼마 후 10킬로 정도 감량한 남편은 작은 사이즈의 정장을 다시 계절별로 구비해야 했다. 그렇다면 큰 사이즈는 정리해도 되는 것이었나. 시간이 조금씩 흐르면서 다시 살크업한 그는 걸려 있던 큰 사이즈 정장을 꺼내 입게 되었다. 그 후로 나는 계절이 바뀌어 옷 정리를 하거나 이사를 다니면서도 마치 재고를 떠안은 양복점 주인처럼 모든 사이즈의 정장을 이고 지고 끼고 있는 게 원칙이라면 원칙이 되었다.

처음 남편과 소개팅에서 만나 연인이 되고 몇 년 후 결혼을 할 때까지 그는 177센티의 키에 78킬로 정도로 평균 언저리의 덩치를 갖고 있었다. 그게 다이어트를 한 몸이라고 했으니 그의 원래 체중은 나는 모르는 일이었다. 부러 숨긴 것은 아니었지만 나는 그의 체격에 그닥 관심이 없었기에 그가 다이어트 했다는 사실을 몰랐다.

결혼생활을 하면서 그는 벽에 페인트를 덧바르듯 몸 곳곳에 서서히 지방층을 축적하더니 어느덧 90킬로를 넘겼다. 그때가 첫째아이 세 돌 때라고 확실히 기억하는 게, 그의 몸에 첫째 몸무게에 버금가는 지방이 붙었다는 게 너무 충격적이었기 때문이다. 무작정 13킬로 정도가 쪘다고 생각하는 것보다 구체적으로 첫째의 몸무게를 갖다 붙이니, 그만큼의 살이 찐 사람은 그전과는 아예 다른 사람이라고 볼 수 있었다. 그 정도의 변화라면 성격에도 분명 변화가 있을 거였다.

그는 결혼 후 두 번의 다이어트를 했고 그때 뺀 살을 합하면 총 30킬로쯤 된다. 첫 번째는 허리디스크 때문이었고, 두 번째는 건강검진에서 혈압에 관한 경고를 받았을 때였으니 그쯤 되면 그의 생존이 다이어트와 직결되어 있는 것이 틀림없었다.

친정 식구들이야 워낙 마른 몸의 소유자들이어서 살이나 뚱뚱함, 식탐은 내 사전밖의 얘기였고 원체 운동이 생활화되어 있는 사람들이라 운동이 다이어트의 수단이나 도구가 되는 줄도 몰랐다. 내게 다이어트는 그래서, 아이돌이 하루에 방울토마토와 아몬드 몇 알을 먹으며 극한의 체중 조절을 한다는 식의 '미용'에 관한 거였다.

그러니까 결국에는 남 보기 좋으라고 하는 게 다이어트라고 여겼다. 그러나 누군가에겐 나 좋으라고 하는 것, 내 건강과 생존을 위한 것이 다이어트였는데 그 누군가가 바로 내 남편이었다.

다이어트와 전혀 무관하게 살아온 나에게 그가 처음으로 다이어트를 하겠다고 선언했을 때, 그냥 그렇구나 했다. 그저 빼면 되는 줄 알았다.

그러나 살찐 몸은 그렇게 호락호락하지 않았다. 오랜 유전과 진화의 결과로 몸은 자신이 살아남기에 유리한 방향으로 발전해왔다. 하루라도 게으름을 피우거나 조금이라도 느슨해지면 그 틈을 타서 지방을 축적하기 쉬운 몸뚱이로 바뀔 준비를 했다. 어느 순간 체중이 감량되기 시작하면 그 감량에도 가속도가 붙지만, 조금만 속도가 지체되면 여지없이 원래 상태보다 더 퇴보해 있는 게 다이어트였다.

옆에서 지켜본 바, 다이어트는 세상에서 가장 힘든 고행이었으며 자기 자신과 벌이는 세상에서 가장 외롭고 처절한 전투였다. 조바심을 내는 자신을 타일러 다독이고, 식탐을 억눌러 자제시켜야 하며, 무겁게 가라앉는 몸을 어떻게든 일으켜 팽팽한 활시위와 같은 텐션을 꾸준히 유지시켜주는 것. 살을 빼려면 그 모든 게 필요했다. 머리로 내 몸을 속여가며 살찌는 몸뚱이가 될 수 없게끔 끊임없이 긴장 상태를 유지해야 하는 게 다이어트였다.

그러니까 평균보다 좀 살집 있는 몸을 가졌다고 해서 그걸 자기관리에 실패한 나태한 사람인 것처럼 주변에서 떠들어대는 건, 과거의 나처럼 다이어트라곤 한 번도 안 해본 사람들의 무지이자 대단한 실례다.

어디서 들은 얘기에 따르면 다이어트를 하면 사람이 초예민해지고 까칠해져서 건드리기만 해도 싸움이 날 수 있다던데, 남편의 다이어트는 묘하게 연민을 불러일으켰고 결국 나도 동참하게 만드는 희한한 재주가 있었다. 스트레스를 받으면 달고 짠 밀가루 음식이 땡기는 게 자연스러운 일인 것이, 보통 인격은 탄수화물에서 나온다고 하기 때문이다.

그러나 다이어트에 박차를 가한 그에게는 해당 사항이 없는 얘기 같았다. 그는 다이어트를 시작하면서 제일 먼저 탄수화물을 끊고 그 자리를 단백질로 메웠는데 그후 예민해지기는커녕 독기가 다 빠져버린 초식동물처럼 사람이 순해졌다. 그게 진짜 순한 게 아니라 내 눈에는 마치 삶의 낙을 거세당한 자의 체념 같아 보였고, 마음 약한 나는 그런 모습을 차마 외면할 수가 없었다.

나는 사실 언제라도 딱히 입맛이 좋은 스타일도 아닌 데다가 대체로 가정주부들은 본인이 한 밥은 맛이 없다. 남이 차려주는 밥상이 최고이기 때문에 먹을 기회가 생겼을 때나 어쩐 일로 먹고 싶은 게 생겼을 때, 그때그때 먹어둬야 하는데 남편을 옆에 두고 케이크니 컵라면, 쿠키 같은 걸 먹는 게 죄를 짓는 거 같아 혼자 먹는 일을 그만 두었다.

남편이 먹을 때 나도 규칙적으로 먹었고, 맛은 별로였지만 웬만하면 건강한 걸 챙겨 먹었다. 그러자면 지금까지 한 노력에 대한 본전이 생각나서 애주가로서 늘 달고 살던 술과 야식을 억지로 끊을 수밖에 없었다.

아무리 내가 살이 안 찌는 체질이라고 한들 두 아이를 낳고 운동과 담을 쌓은 데다가, 나이는 들어가는데 밤에 술을 마시니 야금야금 살이 찌고 있었다. 그와 함께 나도 어느덧 다이어터가 되었다.

아무도 시키지 않은 일을 하고 있는 게 의아했지만 그게 남편을 위한 것이 아니라 나를 위한 것이라고 생각하니 간사한 마음과는 별개로 나름대로의 뿌듯함 같은 게 있었다. 그의 다이어트 세계에 어영부영 떠밀려 들어오고 보니, 단순히 굶어서 살을 빼는 게 아니라 체계적이기만 하다면 내가 건강한 삶을 위해 노력하는 사람이라는 자기효능감과 자존감에 도움이 된다는 게 벌써 몸과 마음의 변화로 느껴졌다.

그가 다이어트로 나에게 알려준 것이 있다면 건강한

생활습관이 몸과 마음에 미치는 영향에 관한 것이었다. 내일이 없는 것처럼 자극적이고 몸에 나쁜 것만 찾아서 아무 때고 먹고 자도 별 탈 없던 청춘이 아니라, 먹고 자고 움직이는 게 고스란히 몸과 정신으로 신호를 보내올 나이였다.

새 술을 새 부대에 붓듯 나쁜 것들을 내 몸에서 내보내며 몸과 마음이 디톡스 되는 걸 실시간으로 체감했다. 다이어트는 시쳇말로 '뼈말라' 같은 몸을 만들거나 남들에게 내 몸을 자랑하기 위한 수단이 아니라, 몸과 마음의 건강을 스스로 책임지는 하나의 방법이었다. 그와 함께 몇 번의 다이어트를 하면서 내 사전을 다시 썼다.

그러나 지나간 과거는 잊혀지고, 대과거는 아름답게 윤색된다. 얼마간의 살을 뺀 뒤 그와 나는 험난했던 다이어트의 과정을 잊었고 또 무분별한 식사와 군것질, 달콤한 야식과 술의 유혹을 이겨내지 못하고 원래대로 돌아왔다. 한 번이 아니라 그러기를 두 번 반복했다. 그러는 사이 우리의 몸은 자신을 지키기 위해 원래보다 더 많은 지방을 축적했고 더 퇴보했을 것이다.

참 인간의 눈이 무딘 것이 나는 매일 보는 그가 그렇게 살이 찌도록 뚜렷한 변화를 못 느끼고 있었다. 요새 나잇살이 조금씩 붙나 보다 정도로만 생각했었다. 그러던 지난주 우연히 인바디를 측정한 남편은 몸무게도 몸무게인데, 체지방률과 체지방량 모두 놀랍도록 예전의 그때로 돌아갔다는 사실을 알려왔다.

"어쩐지. 정장을 한 벌 더 사야 하나, 요즘 겨드랑이가 너무 꽉 끼더라 했어."

바야흐로 그에게 세 번째 다이어트를 해야 할 때가 돌아왔다. 두 번째 다이어트를 끝내고 건강한 몸과 마음이 되었던 게 5년쯤 전이니, 시기상 지금쯤 다시 다이어트를 시작할 때다. 우리가 결혼한 게 이제 15년, 햇수로 16년 차이고 그동안 두 번의 다이어트를 했으니 5년을 주기로 '그때'가 찾아온다고 봄 직도 타당하다.

그때보다 5년이나 늙은 노구를 이끌고서 남편은 예전과 같은 결실을 얻을 수 있을 것인가. 낮아진 기초대사량과 근육량으로 어떻게 예전보다 더 많은 몸무게를 감량할 것인가. 건강한 다이어트는 가능할 것인가. 의심만이 가득한 중년의 다이어트가 어디로 향할지 모르겠지만 일단 시작한다. 정장을 한 벌 더 살 수는 없다!

저마다의 로맨틱

몇 해 전 겨울, 내 생일을 기념해 우리 가족은 서울의 5성급 호텔로 짧은 여행을 떠났다. 결정을 하고 나니 생일 기념 호캉스는 처음이라는 데 생각이 미쳤고, 고민할 때와는 달리 오랜만에 잔뜩 들떴다.

여행 경비의 80% 이상을 숙소에 쓰는 내 스타일의 여행이라 쳐도 무리가 되는 금액이라 꽤 망설였는데, 무엇보다 그 호텔의 예약을 망설였던 가장 큰 이유는 호텔이 서울에 있어서였다. 왜 집에서 채 한 시간도 걸리지 않는 곳으로 여행을 떠나는지, 누가 같은 동네에 '놀러' 가지 '여행'을 간다고 하냐며 남편이 타박해올 것이 불 보듯 뻔했기 때문이다. 정작 남편이 꺼낸 얘기는 더 가관이었다.

"아니, 넓은 집 놔두고 왜 단칸방에서 비좁게 자야 돼??"

헐! 단칸방이라니. ('헐'이라는 표현보다 내 마음을 더 적확히 드러내는 단어를 찾지 못하겠다.)

예약한 호텔은 특별한 날을 기념하거나 그날을 특별한 날로 만들고 싶은 사람들이 한 번쯤 가보고 싶어 할 곳이었다. 그도 그 공간을 누리면서 대접받는 기분을 경험해 보면 두 번, 세 번 가고 싶은 마음이 일 것이 틀림없었다.

여행을 별로 좋아하지 않는 이유가 집 떠나 자는 걸 그다지 좋아하지 않아서인 만큼 집돌이인 그도 5성급 호텔 침구의 편안함과 온도와 습도, 조명과 무드까지 모든 게 적절한 환경과 그에 걸맞은 서비스에 맛이 들리면 또 오고 싶을 것이다. 호텔에서 트리를 보며 따뜻하게 보내는 겨울밤은 얼마나 여유롭고 로맨틱한가.

돈은 거짓말을 하지 않고, 편안함을 누리고자 하는 인간의 욕구는 앞으로 나아가는 것이지 결코 빠꾸하는 것이 아니다. 이런저런 이유를 갖다 붙이며 나는 내 생일이라는 걸 앞세워 의견을 관철시켰다.

키즈 프렌들리한 호텔답게, 호텔에서는 아이들을 위한 웰컴 쿠키와 텐트를 준비해주었고 텐트 안에는 간이 침구까지 구비되어 있었다. 제일 신난 건 아이들이었지만 신이 났어도 가장 날카로운 눈을 가진 것 역시 아이들이었다. 두 아이는 본인들이 지금까지 갔던 호텔 중에서 가장 좋은 곳이라는 사실을 금세 알아차렸다. 남편이 단칸방이라고 폄하한 5성급 호텔의 객실은 아이들의 예리한 눈에 금방 걸려들 만큼 온몸으로 고급스러움과 우아함을 한껏 뽐냈다.

짐을 풀고 수영을 한 뒤 근처에서 저녁을 먹었다. 광화문 한복판에 위치한 그곳에서 평일에 저녁을 먹기만큼 쉬운 일은 없을 것이다. 아무 데나 들어가서 어떤 것을 먹더라도 중간 이상의 맛은 날 것이었다. 그런 예측이 나를 안도하게 만들었다. 성질 급하고 예민한 K-직장인들을 상대로 잔뼈가 굵었을 식당에서 먹는 고기는 예상대로 맛있었다. 기분 좋은 식사가 끝나자 남편이 말했다.

"나는 집에 가서 잘게. 여긴 너무 좁고 나는 코도 고니까, 집에 가서 자고 내일 아침에 올게."

헐! (여기서도 달리 적절한 표현을 찾지 못했다.)

여행 중에 가족 한 명이 집에 가서 자고 온다는 얘기는 드라마에서도 책에서도 보지 못했다. 나는 그런 생각을 할 수 있는 그에게 놀람과 동시에 잠시 어안이 벙벙했다. 그러나 이내 우리가 각방을 쓰는 이유가 떠올랐다. 그와 함께 자면 늘 잠을 설쳐 다음 날 컨디션이 바닥을 친다는 것. 새벽부터 부산스럽게 움직이기 시작해서 내 잠을 깨우는 것도.

부부 사이에 로맨틱은 무슨, 밑지는 장사는 아니라는 생각에 흔쾌히 그러라고 했다. 그는 텐트 안에서 좀체 흥분을 가라앉히지 못하는 아이들이 조금씩 조용해져갈 무렵, 미련 없이 떠나는 구남친처럼 홀연히 집으로 갔다. 날은 꼼짝도 하기 싫을 만큼 추웠다. 나는 수많은 불빛들로 빛나는 광화문이 한눈에 들어오는 창가에서 짝꿍도 없이 홀로 맥주를 홀짝이다 잠이 들었다.

다음 날 아침 6시나 되었을까, 전화가 왔다.

"조식 먹으러 언제 갈 거야? 그때 맞춰서 갈게."

헐.

그랬다. 그는 끼니에 충실했다. 출근하는 날보다 더 이른 시간에 객실에 들이닥친 그는 곤히 잠든 아이들을 일찌감치 깨웠고, 우리는 어젯밤 먹은 고기가 채 소화되기도 전에 조식을 먹었다. 그 호텔에서 오직 조식만이, 객실의 침구도 분위기도 서비스도 수영장도 그 어떤 것도 그의 마음을 훔치지 못했으나 오직 조식만이 그의 마음을 사로잡았다.

그래도 그는 2박을 머무르는 내내, 아이들과 추운 날씨에도 국립현대미술관과 민속박물관을 관람하고 인사동의 곳곳을 다니며 성실한 근로자처럼 함께 시간을 보냈다. 집에 가서 잠을 잤다는 사실만 빼면 말이다.

하긴 했는데 어딘가 안 한 것 같은 기억으로 남은 생일 기념 호캉스를 뒤로 하고, 내 생일상을 차려줄 사람은 아무도 없는 신세의 주부인 데다 이벤트도 당겨서 했으니 미역국만 직접 끓여 먹고 평소와 크게 다를 것 없는 식사를 하며 조용히 생일은 마무리되었다. 서운함은 풀리지 않은 채였다.

그해 겨울은 예상치 못한 강추위가 연일 지속되며 맹

위를 떨친 해로 기억에 남아 있다. 그해의 날씨까지 기억에 남는 건, 아쉬운 기억을 남긴 '호캉스'와 그의 '간식 사건'이 같이 있었던 해여서일 것이다.

생일이 며칠 지난 늦은 밤 퇴근길에 그는 예전에 우리가 살던 동네에 있던 포장마차에서 호떡을 포장해와 굳이 저녁을 먹은 아이들과 나에게 한입씩 맛보게 했다. 우리는 이미 포화 상태였고, 나는 이 추운 날씨에 차로 30분 이상 걸리는 데까지 가서 고작 호떡을 사온 그가 이해되질 않았다. 예상보다 훨씬 냉담한 내 반응에 그는 실망했고 상심했다.

그에게는 평소와 다름없는 어떤 하루에 맛있게 먹었던 음식을 함께 나누어 먹는 일에 대한 로망이 있다. 매끼 식사와 맛있는 음식에 늘 진심인 그에게 어쩌면 가장 로맨틱한 건, 함께 나누어 먹는 음식인 것이다. 그저 한끼 때우는 것으로 큰 불만이 없는 내 마음과 저 멀리 동떨어진 곳에 그의 로맨틱이 있었다.

공짜가 없다는 이 세상에서 누군가 나에게 아무런 조건 없이 무언갈 베풀고 있다면 그게 사랑이 아니고 무얼

까. 퇴근길 그의 손에 간간이 들려 있는 도넛과 아이스크림, 샌드위치와 도시락이 그에게는 세상 뿌듯한 로맨스였던 거다.

언젠가 사소한 말다툼을 하고 출근한 그가 퇴근길에 아이스크림을 사 들고 온 날이 있었다. 내가 초딩인 줄 아냐며, 이런 걸 사오면 내가 화를 풀어야 하느냐고 따져 물었다. 그러나 남편에게는 아이스크림이 사과의 표현이고 그것이 그의 사랑이라면, 기꺼이 그 마음을 느끼고 감동해주는 데에 나의 사랑 역시 있을 것이다.

나는 네가 아닌 이유로 저마다의 로맨틱은 같은 자리에서 만나질 못하고 어긋난다. 트리가 있는 밤, 총총히 빛나는 서울 시내의 야경을 내려다보며 호텔 방에서 와인 한잔 함께 기울이길 원했던 나의 마음. 예전 동네에 살 때 쌀쌀한 계절이면 호떡을 먹으며 같이 걸었던 수많은 산책길을 떠올린 그의 마음.

추운 겨울 엇갈린 채로 부유하던 그 마음들은 따뜻한 봄이 찾아오고 나서야 비로소 한자리에서 만날 수 있었다. 그게 그 사람의 사랑이라면, 받아줄 내 한 켠의 마음 역시 사랑이었다. 우리는 그해 겨울이 지나고 나서야 저마다의 로맨틱이 있다는 걸 알게 되었다.

그건 통속적인 말로는 '싸우지 않는 스킬을 배웠다'쯤으로 치부되겠지만, 그렇게 가벼운 말로 대체할 수 있는 마음이 아니라는 걸 안다. 마음속 깊은 곳에서 끌어올려 서로에게 부어주었을 자신만의 로맨틱은 사랑일 수밖에 없다는 걸 이제 알게 되었다고 하자.

그 후로 우리는 몇 차례 또 '단칸방'으로 여행을 떠났지만 그는 더 이상 집으로 돌아가지 않았다.

가족이 꼭 원팀일 필요가 있어?

'선입견이 가장 정확한 통계다'라는 명언을 제조한 MBTI 쿼드러플 T의 사나이답게 그는 어떤 일을 진행하거나 우선순위를 정할 때 효율성과 경제성에 가장 큰 가치를 둔다. 좋다, 좋은데 문제는 가족에까지 그런 잣대를 들이댄다는 사실이다. 남편 얘기다.

가족은 왜 꼭 우르르 몰려다녀야 하는지, 왜 애들 생일파티에 할머니 할아버지까지 참석해서 요란하고 뻑적지근하게 초를 불어야 하는지, 가족이 챙기는 그 모든 많은 날들을 꼭 기념할 필요가 있기는 한 건지 모르겠다는 남편에게는 정말 '몰라서' 묻는 사람 특유의 해맑음과 무구함이 있다. 그 점은 나에게 확실히 선입견이 가장 정확한 통계라는 그의 말이 맞을 수도 있겠다는 묘한 설득력을 심어준다. 왜냐하면 그는 누구보다 독립적인 분위기의 가정에서 자랐기 때문이다.

아버지가 안 계셔서 생업에 종사해야 했던 어머니는 집에 잘 계시지도 못했거니와 성격 역시 아기자기하고 살뜰한 것과는 거리가 멀었다. 챙기지 않았거나 챙기기 힘들었던 여러 대소사들을 그는 혼자 겪어내며 자랐다. 그의 성장환경이 지독한 개인주의를 만든 데 지대한 영향을 미친 것이 아닐까 하는 선입견이 나에게는 있는 것이다.

주말이면 온 가족이 TV 앞에 모여 채널 주도권을 갖고 티격태격하고, 외식 메뉴 선정에도 실랑이하는 것. 여행 가서까지 지지고 볶고, 오면서는 아쉬워하며 매일을 같이 견뎌내는 존재. 이벤트가 아닌 생활을 같이 꾸려 나가는 식구들. 그게 내가 정의하는 가족이다. 80년대 초반 태생, K-장녀다운 정의라기엔 그냥 우리 가족이 그렇다.

남편의 가정환경과 달리 우리는 한 사람에게 어떤 일이 생기면 삽시간에 가족 전원이 다 알게 되는 건 당연하고, 굳이 같이 모여 기념하고 반성하거나 환희하고 기리는 일종의 의식 같은 게 있었다. 좋게 얘기하면 끈끈하고 솔직하지만, 나쁘게 얘기하면 그래서 질척이고 사생활 없는 하나의 유기체. 늘 뭉쳐서 뭔가 함께하는 게 썩 내키지 않지만 늘 그래 왔기 때문에 또 어쩔 도리 없이 그렇게 하고 있는 식구들. 내가 결혼하기 전 우리 가족의 모습이다.

그런 그와 그런 내가 만나 꾸린 우리의 가족은 그러니까 효율과 비효율 사이의 넓고 광활한 스펙트럼 사이에서 제 위치를 찾느라 아직도 이래저래 표류한다. 둘째가 태어나 우리 가족이 넷으로 완성되고, 아이들이 조금씩 자라 자신의 생각과 주장이 생기면서는 네 개의 취향과 생각과 의견이 생겼다. 나는 그걸 다 합해서 큰 덩어리를 만들거나 차선을 찾으려고 애쓰는 반면, 남편은 쪼개고 나누어 최선을 찾으려고 했다.

이를테면 주말 오전엔 첫째가 하고 싶어 하는 일을 하고 오후에는 둘째의 요구 사항을 들어주자는 게 내 계획이라면, 남편은 둘씩 찢어져서 오전 내에 스케줄을 마치고 오후에는 집에서 각자 쉬자는 식이다. 둘째가 엄마 아빠와 놀이터에 가고 싶다고 하면 나는 굳이 다른 데 열중하는 첫째까지 대동해 우르르 나가려 하는데, 남편은 부모 한 명씩만 나가서 둘째와 놀다가 서로 교대하는 식으로 아이를 보고 체력을 비축하자고 한다. 그가 나에게 묻는다.

"가족이 꼭 원팀일 필요가 있어?"

황당했다. 이해가 안 된다는 말로는 부족했다. 그는 틀렸다. 성격이 팔자라는 말답게 나는 온 가족의 니즈와 취향을 반영하고 조율하고 합의를 이끌어내는 데 내 시간의 많은 부분을 썼다. 그게 가족이니까.

특히나 여행을 준비할 때면 일정부터 장소, 관광 스타일과 음식 취향까지 우리 넷의 요구 사항을 감안해서 계획을 짰고 그건 양보와 희생, 배려와 타협의 결정체였다. 고려해야 할 경우의 수가 정말이지 기하급수적으로 느는 탓에 누구든 반드시 한 번 이상씩은 물러나야 했고, 어떻게 해도 불만을 갖는 이가 반드시 나왔다. 그러니까 잘해야 본전이고 못하면 자자한 원성을 들어야 했던 거다.

또한 내가 한 노력과 나에게 돌아오는 만족감이 다를

때 혹은 노력에 비해 만족의 크기가 작을 때 실망하거나 상처받기도 했다. 왜? 무얼 위해? 이런 질문을 떠올리는 나를 다그치면서 가족이 함께하기 위한 다양한 방식을 고심하고 저울질했다.

'가족의 모습은 이런 것이다'라는 틀을 만들어놓은 나의 강박은 점점 목표와 수단을 혼동하게 만들었다. 이 틀로 가장 고통받는 사람이 나인 건, 틀을 정해놓고 계획을 세우는 것 자체가 내 성격에 이율배반적이었기 때문이다. 까짓것 생긴 대로, 되는 대로 하는 게 나에게 맞았다. 그러나 참인 명제를 벗어날 수는 없는 노릇이었다. 거기에 나의 고통이 있었다.

그러나 가정의 행복을 위해 가족의 불행을 담보해야 한다면 그건 더 이상 목표가 아니며 행복이 아니게 된다. 엄마랑 함께라서 행복한 아이를 곁에 두고 아빠가 주말에 일정이 있으니 이번 주말은 집 안에서만 보내야 한다고 생각하는 나, 엄마 아빠가 함께하는 곳이라면 집 앞 놀이터도 만족하는 아이에게 가족의 역사는 길 위에서 이루어지는 것이라며 굳이 밀리는 차 안에 온 가족을 욱여

넣고 멀리 떠나려는 나, 그런 계획에 동참하느라 불만을 참고 자신의 우선순위를 양보했다는 반작용으로 삐뚤어지는 가족들, 거기서 발생하는 불화.

그건 굳이 효율성과 경제성을 운운하지 않더라도 명백한 손해이자 비효율의 극치였다. 사실 그 모든 게 내 욕심이고 허상이고 강박이었음을 인정한다. 내가 세웠던 명제를 다시금 손봐야 했다.

올해 초, 둘째 아이가 아빠와 둘이서 부산으로 여행을 다녀온다고 했다. 이미 다 준비를 마친 여행이라 나는 손쓸 방도가 없었고, 둘을 보내는 일만 남아 있었다. 아이에게는 엄마 없이 떠나는 첫 여행이었고, 남편에게도 본인이 온전한 아이의 보호자가 되어 떠나는 첫 경험이었다.

부산에서도 쉴 틈 없이 사진과 메시지로 아이의 모습과 일정을 보내왔지만 그럼에도 걱정이 이만저만 아니었다. 당연하게도 둘째와 남편은 지친 기색은 역력했지만 건강하게 돌아왔다. 돌아와서 아이는 역시 엄마랑 가는 여행이 가장 재밌다며 다음에는 우리 가족이 다 같이 부산엘 가면 좋겠다 했고, 남편의 소회 역시 다르지 않았다.

내가 없으니 힘들고 고된 여행이었고, 맛있는 걸 먹거나 좋은 곳엘 가면 집에 있는 나와 첫째 생각이 나더라고 했다. 그제서야 나는 안도하며 보내길 잘했다고 생각할 수 있었다.

결핍으로만 배울 수 있는 풍요가 있다. 존재의 가치는 역설적으로 그것이 없어졌을 때 비로소 느껴진다. 가족의 소중함과 의미는 서로 붙어 있어서만이 생기는 게 아니었다. 마찬가지로 함께해야 하니까, 그 이유만으로 함께하는 게 가족은 아닐 것이다. 남편이라고 해서 가족이라는 자물쇠가 느슨하게 채워져 있을 거라는 내 생각은 오만이었다. 그건 그냥 나와 다른 방식의 차이였다.

물론 집이라는 한정된 공간을 공유해야 하므로 참고 견디는 게 가족일 수 있다. 마치 직장생활을 하던 시기에 독립하고 싶다고 허구한 날 외쳐대던 나처럼, 매일 얼굴을 보며 부대끼는 사람들은 저마다 참아내야 하는 몫이 있다. 식구라는 단어의 뜻답게 한자리에 모여 밥을 먹는 게 가족에게는 필요조건이기도 하다. 그러나 모두 같은 곳을 바라보고, 같은 생각을 하고, 같은 자리에 있어야만 생기는 소속감과 사랑이라면, 다른 곳을 바라보거나 다른 생각을 할 때 그건 다 사라져버리는 한계를 갖고 있다.

최근 연이어 가족에 관한 몇 편의 작품을 접했다. 드라마 〈조립식 가족〉〈우리, 집〉 그리고 소설 《가녀장의 시대》 같은 작품을 보면 각기 다른 형태나 의미를 가진 가족들이 나온다. 가장 미래지향적인 모습을 가진 가장 원형적인 조직. 가족은 이미 한 가지의 모습이 아니다.

다양한 모습의 지붕 아래서 각기 다르게 살아가는 가족들은 서로 다른 갈등을 같이 겪어내고, 여러 가지 위기들을 함께 거친다. 모양과 색깔은 다르지만 그럼에도 가장 옆에 두고 싶은 사람들, 언제나 돌아가고 싶은 편안한 곳, 나의 시작이자 나의 마지막인 곳. 가족은 그렇게 그려지고 있다. 그것만이 변하지 않을 유일한 가족의 의미일 것이다. 떨어져 있다고 하여 가족이 아닌 것은 아니다. 이미 우리는 다른 생각을 한다고 해서 남이 될 수는 없는 사이인 것이다.

하여, 가족이 꼭 원팀일 필요는 없다.

2

일복 없는 자의 자아실현

{ 🏠 }
(♥)
[♪]

열망의 실체를 확인하는 법

내가 그것을 정말 원했는지는 가져보면 알게 된다. 드라마 〈안나〉에 나오는 대사처럼, 그곳이 우리에게 정말 필요한 곳이었는가는 직접 가보면 알게 될 터였다.

나는 서울 바로 옆의 작은 위성도시 광명에서 인생의 대부분을 보냈다. 출생은 부산이었지만, 그곳에 관한 기억은 조금도 남아 있지 않고 사진으로만 남겨져 있으니 내 고향은 광명시가 맞다. 결혼 후 서울에 잠깐 살았는데 그때 나는 첫째를 임신한 상태였다.

원래 살던 동네가 그립다고 광명 타령을 하는 나에게 남편은 '촌스럽다'고 했다. 이북에 고향을 두고 온 것도, 고향이 상전벽해로 형체 없는 옛터가 된 것도 아닌데 지하철로 30분인 그곳에 왜 그렇게 돌아가고 싶어하는지 남편은 이해하지 못했다.

남편은 지금은 쇠락했지만 한때는 항구도시로 유명했던 목포 출신이다. 유년 시절을 그곳에서 보내고 서울로 대학을 오면서 거길 벗어났다. 떠난 것도 헤어진 것도 아니고 '벗어났다'고 그는 표현했다. 그는 정말 도시남자인 것이, 곤충이나 개구리알 채집도, 밤 따기도 한번 해보지 않았단다. 그래서일지 아니면 목표 지향적인 성향 때문일지 그는 유독 회귀본능에 대해 공감하지 못했다.

그에게 고향은 돌아가고 싶은 곳이 아니라 지긋지긋한 곳이고, 향수병은 현재를 발목 잡는 어리석은 감정 소비 같은 것이었다. 앞을 똑바로 보고 달려가는 것, 달려가서 당도한 뒤에는 다시 또 바라볼 곳을 정하는 것이 그가 인생을 사는 방식이었다. 드라마 〈안나〉에서 말하는 안나의 신조처럼 '원하는 것은 다 가지는' 게 남편의 방식이었다.

그래도 역시 육아란 앞만 보고 내달리는 매정한 차도남의 발목마저 붙들 강력한 것이었으니, 우리는 출산과 거의 동시에 광명으로 되돌아왔고, 그가 이루고픈 목표에 따라 몇 차례 이사를 다녔다. 그 작은 도시에서도 집을 살 수 있는 여러 방법과, 선택할 수 있는 몇 가지의 대체재와, 집을 매수할 때 따져봐야 하는 우선순위들이 꽤나 있다는 사실이 놀라웠다.

결혼 후 광명에서 머무는 10여 년 동안 첫 집과 두 번째 집은 그가 공을 들이고 들였던 경매를 통해 입주했었고, 마지막으로는 일반공급을 하는 한 아파트의 청약에 운 좋게 당첨되었다. 우리는 비로소 대출을 다 갚으며 입주했다. 은행과 나눠 갖지 않은 온전한 첫 집. 그래서 나는 거기가 우리의 마지막 보금자리가 될 것이라 생각했다.

둘째가 세 돌쯤 될 무렵, 새로 입주한 신축 아파트 주변의 상가들이 제법 모양을 갖추고 나무도 공원도 이제 사람 사는 냄새가 나는 풍요로운 동네가 되어갈 무렵, 대뜸 밑도 끝도 없이 남편이 말했다.

"우리 강남으로 이사 가자."

"왜??"

아니, 대체 왜? 여기 내 집이 있다. 친정 부모님이 계시고, 내 직장은 광명 바로 옆의 시흥이었으며, 아이들은 여기서 잘 크고 있다. 남편의 직장이 강남이긴 했지만 서울과 수도권에 사는 수많은 사람들의 직장이 강남이다.

무엇보다 중요한 건, 나는 아이들 교육에 그다지 관심이 없었다. 촌스럽다는 그의 말대로 교육에 관한 내 지론은 '어디서든 할 놈은 한다'는 거였다. 내가 강남에 가야 할 이유는 없었다. 남편은 다들 돈을 벌면 강남엘 간다 하고, 돈을 벌기 위해서도 강남엘 간다고 하니 우리도 가보자고 했다. 대체 거기 뭐가 있길래 다들 가는지 직접 가서 눈으로 확인해보자고.

그렇게 얘길 꺼내는 그의 태도가 여행지 고르듯 딱히 대수롭지 않을 수 있었던 건, 그로서는 손해 보는 장사가 아니어서라고 나는 생각했다. 그럴 수밖에 없었다.

강남에는 그의 일자리가 있었다. 집값이 전국적으로 일제히 오른다고 봤을 때, 가장 많이 오를 곳은 당연히 강남이었다. 부동산에 관심 많은 그가 이 점을 간과했을 리 없다. 대학 동기, 사회에서 만난 친구들, 지인들 다수가 거기 살고 있었고, 어차피 그에게 고향이 주는 그리움이나 안도감 같은 정서가 없을 바에야 어디나 다 타향이었다.

나중에서야 강남을 향한 결정적 방아쇠를 당긴 것이 친한 대학 동기의 말이었다는 사실을 알게 되었다. "왜 아직도 거기 살아?"라는 한마디. 단순한 궁금증일지 아니면 비아냥일지 모를 그 말이 그의 가슴속 저 밑바닥의 자존심을 건드린 것만은 확실했다.

정신을 차려 보니 이사 날짜만 남아 있었다. 남편의 특기이자 장점이었다. 살던 집을 매도하고, 추가 대출을 받고, 집을 알아보고, 계약하는 것까지 모든 일들이 반쯤 정신줄을 놓은 상태에서 일사천리로 진행됐다.

그때 나는 수 억에서 수십 억에 달하는 집을 사거나, 가슴에 늘 품고 다니는 사직서를 제출해버리거나 하는, 인생을 좌지우지할 큰 결정들은 이성적이고 합리적으로 이뤄지는 게 아니라 오히려 살짝 미쳐 있을 때 벌어진다는 사실을 알게 되었다.

애초에 나는 거기로 이사 갈 이유가 전혀 없었지만 남편은 어차피 결심을 한 일이라면 해내는 사람이었고, 나에게 있는 선택권이란 가느냐 마느냐가 아니라 어떻게 가느냐밖에 없었다. 그 사실을 받아들이고 보니 나도 궁금해졌다. 대체 거기에 무엇이 있는지, 왜 다들 거길 가서 살고 싶어 하는지. 내가 가서 눈으로 직접 확인해보면 알겠지. 남편이 정말 거기를 원했는지도 가보면 알게 될 것이었다.

우리는 그렇게, 강남 사람이 되었다.

관찰자의 시선

나의 위치란 타인과의 비교에서 알 수 있다. 진짜 부자는 가난이 무엇인지 모르는 사람이라고 말하는 까닭이 거기서 기인한다. 어느 트위터리안의 말처럼 '가난한 삶이라는 게 있다는 건 알지만, 가난한 세계에 발 들여본 적이 없어 실제 어떤 방식으로 존재하는지 모르는' 것이다.

사람들이 인스타그램에 특별한 순간을 진열하는 것도 비슷한 논리다. 그것이 일상이라면 굳이 자랑할 이유가 없다. 값비싼 레스토랑에서의 식사, 사치품의 소비, 선망하는 장소로의 여행을 늘상 누리는 사람이라면 일상생활을 전시할 필요가 없으나 대부분은 하이라이트가 될 만한 특별했던 순간을 인스타그램에 올린다.

그러니까, 두 세계에 모두 속해보았던 사람이라면 알 수 있다. 어떤 게 다르고 어떤 게 특별한지. 언젠가는 관찰했을 것이고 또 누리기도 했을 것이다. 그리하여 우리 가족은 강남으로 이사를 오고 나서 관찰자가 되었다.

"엄마, 이 동네 애들은 좀 이상해."

첫째가 이사 후 며칠이 지나 이런 말을 했다. 전학을 갔던 첫날, 잔뜩 긴장했지만 짓궂은 아이는 없었다며 안도했고 곧장 학교 아이들과 섞여 들었다. 하지만 이 동네 아이들이 그전 친구들과 다르다는 사실을 빠르게 알아챘다. 혹시라도 이상한 답이 나올까, 어떤 점이 다르냐며 조심스레 묻는 나에게 아이는 의외의 말을 했다.

"여기 남자애들은 내 이름을 성 떼고 불러. 너무 다정해서 징그러워."

다정해서 징그럽다니. 가감 없는 10대 초반 사춘기 소녀의 표현이었다. 어떤 느낌인지 어렴풋이 와닿았다. 이 동네 아이들은 다들 친절하고 건전해서 재미가 없다는 뜻이겠지. 첫째 또한 매사 조심스럽고, 나서기보다는 듣는 성향의 아이였는데도 그랬다.

다들 장래희망이 굉장히 구체적이며 앞세울 만한 취미생활이 하나쯤 있는 것도 특이하다고 했다. 첫째는 어릴 때부터 그림을 좋아했고, 미술 학원도 오래 다녔다. 그래서 늘 그림에 관해 주목을 받고 주변의 부러움을 샀다. 평범한 여느 부모가 그러하듯 미술을 전공하는 건 안 된다고 주장하는 내 앞에서 첫째는 그럼 뭘 장래희망으로 삼아야 할지 고민하는 아이였다. 그런 본인의 재능과 자부심이 여기서는 '보통의 취미'였으며 다들 미래에 무얼 하고 살지 계획하고 있다는 얘길 듣고는 약간 상심했다. 그리고 영어 학원엘 다니기 시작하면서부터는 이런 얘기도 했다.

"엄마, 여기 학원 선생님들은 내가 다쳐도 아무도 걱정을 안 해줘."

어휘가 한정적이라 정말 표면적인 의미만을 전달한 거겠지만, 무슨 얘기인지 바로 알아들을 수 있었다. 그때 내가 아이들이 다닐 학원과 기관을 알아보면서도 비슷한 것들을 느끼고 있었으니까. 물론 내가 알아본 학원들은 대체로 학생 수가 많은 대형 학원에, 프랜차이즈로 운영

되는 곳이긴 했다. 하지만 이전 동네에서도 그런 학원엘 다녔다.

이 동네 학원의 대체적인 분위기는 '학원이 아쉽지 않다'는 느낌을 준다는 것이었다. 학생 입장에서도 널린 게 학원이었지만, 학원 입장에서도 마찬가지였다. 수많은 수요와 공급이 쉴 새 없이 짝을 찾아 이동하는 곳, 끝없는 물갈이와 순환이 이루어지는 곳, 그게 강남이었다.

그 와중에 정을 나눈다는 건 도태와 같은 의미일지도 몰랐다. 사교육의 근간을 유지시키는 기본 원리라고 믿었던 '친절'이 나를 배신하는 느낌이었다. 특정 학원의 특수성이라기엔 여기저기 상담을 다녀봐도 비슷했다.

이전 동네도 수도권에서는 교육열로 빠지지는 않는 동네였다. 초등학교 후문에는 학원들이 빼곡했고 선택지도 많았다. 선생님들은 과하게 친절했고, 아이에게 관심이 많아서 가끔 그게 부담스럽기도 했다. 그렇지만 여기 와서 겪어보니 알 것 같았다. 부담스러운 친절과 관심이 일회성으로 그치면 가식이지만, 계속되면 아이에 대한 진짜 관심이란 걸 말이다. 그게 돈에 기반한 관계라 해도 말이다.

아이들에 대한 심플한 무관심과는 대조되는, 본인에 대한 디테일한 소개도 인상적이었다. 원장이나 강사들은 본인이 '강남 키즈'였다는 사실을 강조했다. 수도권 중소도시 출신인 나로서는 학원에서 듣도 보도 못한 마케팅을 구사하는 걸 보며 어깨너머로 배웠다. 여기서는 그런 게 중요하구나….

어린 시절을 강남에서 보냈다는 건, 교육 특구인 이 동네 정서를 책에서만 배운 게 아니라 몸소 공기처럼 마시고 자란 사람이라는 증명이었다. 조금 더 자세히 듣고 보니 그냥 강남에서 끝나는 게 아니라 '대치 키즈'인지, '압구정 키즈'인지 콕 집어서 본인이 자란 동네를 알려주었다.

그 뒤로 생각보다 많은 게 눈에 들어왔다. 압구정현대, 청담자이, 래미안대치팰리스, 도곡렉슬 등 이 동네 아파트는 구체적인 동 이름을 건설사 이름 앞에 붙였다. 그렇지만 예외가 되는 동이 하나 있었으니, 그곳은 비교적 세간에 이름이 덜 알려진 강남구 세곡동이었다.

이곳의 아파트들에는 대체로 '강남'이 붙었다. 강남한양수자인, 강남데시앙파크, 강남한신휴플러스 등 아직은 세곡동이라는 동의 명칭보다 강남이라는 네이밍으로 마케팅하는 게 더 효과 있을 동네라 그랬을 것이라고 남편과 우스갯소리를 했던 기억이 있다. 마치 인덕원이 뜨니까 걸어서 40분도 넘게 걸리는 아파트 이름에까지 인덕원을 붙이는 식이랄까. 동네 이름만으로도 장사가 되고 마케팅 수단이 되는 자본주의의 작동 방식이 극명하게 드러났다.

이방인이 되어 관찰과 비교를 택한 나와는 다르게, 남편은 누리는 쪽을 택했다. 남편은 당근부터 시작했다. 이전 동네에서는 늘 팔러만 다니던 남편이 여기 이사 오면서부터는 사러도 다니기 시작했다.

남편이 사오는 물건들을 보고 나도 당근을 켰더니 거기엔 신세계가 있었다. 몇 달씩 웨이팅을 해야 하는 수입 가구, 오픈런을 해도 사기 어려운 명품 가방, 매장에는 공기만 팔아서 구경하기도 힘들다는 의류들이 즐비했다.

거기서 남편은 골프공이며 5번 우드 같은 물건들을 잘도 골랐고, 시중보다 저렴하게 새 제품을 간간이 사다 날랐다. 또 여러 지인들에게 연락해서 이사 소식을 당당히 알리며 집들이를 열기 시작했다. 골프를 치러 다니기도 편해졌고, 강원도로 놀러가기도 좋으며, 무엇보다 출퇴근이 편해졌고, 친구들도 주변에 있으니 정말이지 가장 살판난 게 남편이었다. 그런 그였으니 딱히 이질적인 감상이나 비교가 들어설 곳이 있을까 싶었는데 어느 날 이런 소회를 밝혀왔다.

"보니까, 이 동네 여자들은 다 키가 커."

처음 이 말을 들었을 때는 그의 원초적이고 일차원적인 평가에 기가 찼지만, 그 얘기를 듣고 보니 놀랍게도 정말 그랬다. 남자들은 비주얼이랄지 꾸밈새에 큰 차이가 없었다면 여자들은 확실히 키가 크고 예쁘고 잘 꾸민 사람들이 많았다. 경제적으로 능력 있는 남자가 예쁜 여자와 결혼하는 뻔한 원리가 작동하는 곳이라는 말로 남편은 심드렁하게 대꾸했는데, 일정 부분 그게 맞는 말일지도 모르겠다.

우리 가족 모두가 관찰자인 가운데, 어린 둘째만은 아무런 편견 없이 이 동네의 문화와 정서, 분위기를 그대로 흡수하고 있다. 첫째도 금방 친구들 틈에 자연스레 섞여

들 것이다. 이사 온 직후 느꼈던 이질감을 어느새 잊어버리고 금세 이 동네 사람이 되어갈 것이다.

    40여 년이 넘는 시간을 광명 사람으로 살아온 나만 여전히 겉도는 마음이 커져가고 있었다. 섞여들지 못할 거라는 약간의 불안과, 왜 섞여야 할지도 모르겠다는 의문, 와봤더니 생각보다 별거 없다는 허탈, 아니 생활 전반이 아예 다른 것 같다는 이질감, 그런 감정들이 무겁게 밀려왔다. 나만 혼자 여기 덩그러니 놓였다는 기분은 곧 우울을 불러왔다.

우울할 자격

 동네에 아는 언니가 하나 생겼다. 태생이 백조 같은 우아한 사람이다. 악기를 전공했으며, 뼈대가 가늘고 흰 피부를 가진 언니는 목소리마저 차분하고 조용했다.

 그렇다고 힘아리 없이 그저 가느다랗냐 하면 그건 또 아니다. 강단 있어 보이는 짙은 눈썹과 각진 턱이 흰 피부와 묘한 조화를 이루며, 주변에 휘둘리거나 흔들릴 것 같지 않고 주관이 뚜렷할 것 같은 인상을 풍겼다. '고상'이란 말이 사람으로 태어난다면 이 언니가 아닐까 싶은, 나에게 없는 걸 가진 사람이었다.

 놀랍게도 우리는 아파트 분리수거장에서 만났다. 입주민 카드키가 있어야 쓰레기를 버릴 수 있는데, 그걸 놓고 온 언니가 나에게 빌리면서 말을 걸어왔다. 언니는 카드키 빌려준 은혜를 부득불 갚겠다며 커피를 샀고, 우리는 끊길 듯 가늘고 어색하게 인사를 주고받으며 얼떨결에 안면을 텄다.

그러고는 둘 다 동네에 아는 사람이 하나도 없다는 이유로 가까워졌고, 서로 접점이 전혀 없다는 게 접점이 되어 친해졌다. 그러다 생각보다 많은 교집합이 있다는 걸 알게 되었다. 나이, 남편들의 업계, 아이들 터울, 소비 패턴 등 대화를 거듭할수록 비슷한 점이 많았다.

우리가 결정적으로 가까워진 계기는 바로 '우울증 동지'라는 점이었다. 나는 타인의 우울과 슬픔을 '왜'라는 말로 되묻는 것만큼 무례한 일도 없다는 걸 알고 있었다. 그만큼 의미 없는 질문도 없었다. 그 답은 자기 자신도 모르니까. 다만 '어떻게'만 있을 뿐이었다. 누구에게든 찾아올 수 있고, 누구든 빠질 수 있는 그 늪에 왜 빠졌느냐고 묻기보다 어떻게 나올 것이냐 혹은 나오게 되었느냐고 물어주길 항상 바랐었다. 언니도 아마 같았을 거다.

남편의 사업이 잘되기 시작하면서, 언니는 가정에 대

한 남편의 무심함에 비례해 늘어나는 수입을 보면서 남편에 대해 체념하기 시작했다. 첫째와 아홉 살 터울인 둘째가 태어나면서부터 이유 없는 우울이 시작되었다고 했다. 이렇게 예쁘고 소중한 아기를 두고 그런 마음이 생겨나는 자신을 자책도 하고 다그치기도 했지만, 불현듯 솟아나는 그런 마음이 스스로도 당황스러웠던 언니는 그걸 다룰 줄 몰랐다.

돈을 들고 가도 아무에게나 가방을 주지 않는다는 에르메스 매장에 발을 들이게 된 시점이 그즈음이라고 했다. 마약이나 유흥은 아니지만 끊을 수 없다는 점만 두고 본다면 '발을 들였다'는 표현이 그다지 부적절한 건 아니다. 처음에는 돈 쓰는 재미, 정확하게는 돈을 쓰면 대접받는 재미에 빠졌으나 진짜 이유는 따로 있었다. 돈을 쓰고 소위 말하는 실적을 쌓으면 말상대가 되어주는 셀러가 있다는 것. 그게 그렇게 위로가 되더라고 언니는 얘기했다.

부족할 것 없는 네가 무슨 우울증에 걸렸냐는 질문을 친구로부터, 마음이 약해빠져서 그렇다는 타박을 부모님에게서 들었고, 남편은 자기연민이라는 말로 대수롭지 않게 여겼다. 물론 그들의 조언처럼 언니는 이미 병원도 다니고 있었다.

셀러는 아무것도 묻지 않고 재촉하지 않고 지적하지 않았다. 나에 대해 아무것도 모르고, 모르므로 아무것도 기대하지 않는 상대에게 내 얘기를 아무렇게나 두서없이 미주알고주알 털어놓는 기분과 그때 느낀 상쾌함에 대해 언니는 얘기했다.

소중한 사람들에게 공감받지 못하던 언니의 마음은 언젠가부터 어떤 이야기를 하더라도 자체 검열을 거치게 되었고, 그러다 종내 입을 닫게 되었다고 한다. 종잇장 두께도 안 되는 매장 직원과 손님의 관계, 돈을 안 쓴다면 성립 자체도 되지 않았을 관계라서 얼마나 홀가분하던지, 하고 말하던 언니의 그 조용함과 차분함이, 태생적 우아함으로 느껴지던 그것이 실은 우울에서 비롯된 것이 아닐까 싶기도 했다.

그리고 다시 한번 타인의 인생과 굴곡, 상처에 대해 내 마음대로 판단하지 말자고 다짐했다. 언니를 보면 저 사람에게도 인생의 고난이란 게 있었을까 하고 나도 모르게 속단했던 나에 대한 반성이기도 했다.

"네가 왜?"

"다 마음먹기에 달린 거야."

"그거 자기연민이야."

여기로 이사 온 후, 심한 우울감을 호소하는 나에게 주변에서 가장 많이 했던 말 역시 마찬가지였다. 방구석 전문가들은 겪어보지도 않고, 환부는 들여다보지도 않았으면서 쉽고 빠르게 진단을 내렸다. 전부 예상 가능한 답들이었지만 그렇기에 더 상처였다. 언젠가 나도 누군가의 아픔을 이런 식으로 외면했을 것이다. 그걸 알고 있는 이상, 언니의 조용한 고백에 어떤 첨언도 할 수 없었다. 그저 들어주는 게 가장 큰 위로였을 거라고 아직까지는 믿고 있다.

주변인들에게 이해받지 못한 마음을 인터넷 커뮤니티에 익명으로 털어놓고서야 내가 '관계지향형' 인간이라는 것을 알게 되었다. 나는 내 존재의 이유를 관계에서 찾는 사람이었다. 가장 가깝다 믿었던 친구들도, 우리 엄마도 모르던 나에 대한 이야기였다. 나를 이루는 근간, 내 사람들, 소중한 추억, 삶의 질서와 생태계를 모두 이전 동네에 두고 온 나는 뿌리가 잘린 채 옮겨 심어진 식물처럼 하루가 다르게 시들어갔다.

이사를 오고 얼마 뒤 복직한 회사에서도 소속감이나 동료애를 갖기 어렵겠다는 절망을 마주해야 했다. 나는 그런 것들이 있어야 살아갈 수 있는 사람이었다. 그게 다야? 그게 이유의 전부야? 라고 묻는 이들에게 해줄 말이 없었다.

나조차도 정말 그런 것들 때문에 이렇게 매일 젖은 솜처럼 시간에 질질 끌려가는 건지, 몸을 일으켜 씻으러 가기도 어려워 겨우겨우 출근을 하는 건지, 나만 보고 있는 아이 둘을 어쩌자고 방치하는 건지, 왜 그러느냐고 뭐가 문제냐고 다그치는 남편 앞에서 입을 꾹 닫고 아무 말도 할 수 없는지 스스로 이해할 수가 없었으니까 말이다.

왜냐는 질문이 하등 의미 없다고 느낀 것도 이때였다. 왜인지 정말 모르는 나에게 왜인지 묻는 건, 그때로서는 물에게 너는 왜 물인지, 산에게 너는 어쩌다가 산인지 묻는 것과 다르지 않았다.

사람들은 때로 곁에 있는 사람의 고통에는 눈 감고, 저 멀리 보이지 않는 이웃에게는 한없는 인류애를 발휘한다. 어떤 사람은 옆집의 큰 비극보다 얼굴도 모르는 타국의 아이에게 관심을 갖고 매달 기부를 한다. 자녀의 친구에게는 비밀로 부치는 일타강사와 학원 정보를 인터넷에는 지식 자랑하듯 전시하기도 한다. 친한 친구에게는 숨기는 피부과 시술 정보를 인스타그램에는 올린다.

그리고 한편, 사람은 그 어떤 위로를 건네는 친구보다도 같은 불행에 빠진 사람으로부터 위대한 위로를 얻는다. 나도 친한 친구와 믿었던 가족에게 받지 못한, 나에 대한 해석과 위로를 익명의 온라인 사람들에게서 얻었다. 마치 언니가 절친에게도 할 수 없는 얘기를 셀러에게 쏟아낸 것처럼. 그건 그 사람이 나빠서도 어리석어서도 아니고, 인간이 가진 양면성과 모순 탓이라는 걸 살면서 느낀다.

그런 건 어떠한 논리나 이론으로 설명되는 감정이 아니다. 그런 공식이나 해석으로 성립하지 않는 게 인간의 마음이니까, 그러니까 경제적으로 풍요를 누리거나 남들이 부러워할 만한 걸 많이 갖고 있는 사람은 행복할 거란 생각도 꼭 맞진 않다. 그 둘은 인과관계가 없다.

내 삶에서 내가 조연이 될 수는 없다. 누구나 주연이다. 그건 필연이다. 먹고사는 일차적인 문제가 웬만큼 해결된 요즘, 사람들의 최대 관심사는 자기자신이다. 자신의 내면을 들여다보게 되고 내 목소리에 귀 기울이게 되면 어딘가에 조용히 똬리를 틀고 있던 결핍이나 불안, 후회 같은 것들이 조금씩 새어나오거나 물밀듯 밀려오거나 둑이 터지듯 쏟아져나온다.

그러니 불가항력 같은 마음의 병을 앓고 있는 이에게 왜냐는 말로 되묻지 말아줬으면. 우울증에 걸릴 자격을 스스로 증명해야 하는 건 아니니까.

강남 사는 분이
뭐가 걱정이에요

'이십 대에는 내가 뭘 하든 그게 다 과정인 것 같았는데, 이제는 이 모든 게 결과일 따름인 듯해서 초조하네요.'
— 김애란, 〈서른〉, 《비행운》, 문학과지성사, 2012

이십 대의 지난한 터널을 지나왔지만, 아무것도 손에 쥔 것 없던 서른. 그때만 생각하면 김애란 작가의 단편 〈서른〉에 나온 이 말이 떠오른다.

수년 동안 준비하던 언론 고시에 수차례 낙방하고 완전히 미련을 버린 뒤 나는 결혼했다. 저마다 타고나거나 가질 수 있는 복이란 게 있을 텐데, 나는 부모 복과 형제 복은 있다고 생각했다. 부자는 아니었지만 밥 굶거나 가난해서 결핍이 있는 삶도 아니었고, 키는 작지만 몸은 건강했다. 인복은 없는 편이라 생각했지만 내가 인덕이 부족한 탓이라 여기니 수긍이 됐다. 대신 책임감 있고 경제관념 있는 야무진 남편도 만났다.

그러나 내가 유독 박복한 데가 있었으니 일복, 그래 바로 일복이 없었다. 태생적으로 베짱이냐고 묻는 누군가가 있다면 버럭 화를 낼 수도 있다. 게을리 살지 않았다. 이십 대를 숨 가쁘게 달려왔다고 생각했는데 다만 그건 제자리뛰기에 불과했다는 거, 열심히 치고받고 싸웠지만 그게 다른 사람과의 경쟁이 아니라 나 자신과의 싸움이었다는 거, 그게 문제였다.

누군가 나에게 '넌 누구냐' 하고 물어온다면 무어라고 답해야 할지 쉽사리 떠오르지 않았다. 저는 ○○이의 엄마입니다, 혹은 아내입니다, 아니면 딸입니다, 라는 말만 입을 맴돌 뿐 내가 누구인지 알 수 없었다.

결혼을 하고 나만의 가정과 울타리를 가지면 소속감이라는 것과, 그게 주는 안정감 같은 게 있을 거라 굳게 믿던 때가 있었다. 결혼과 잇따른 출산은 그러나 나에게 살림과 육아에도 재능 없는 사람이라는 걸 더 확실히 각인시켜주었을 따름이다. 결혼이 주는 안정감과 내가 어떤 사람이고자 하는가 하는 정체성은 전혀 다른 문제였다. 곧장 나의 쓸모에 대한 회의가 찾아왔다.

첫째가 다섯 살이던 해, 그러니까 2016년 여름. 나는 당당히는 아니고 어렵사리 겨우겨우 가까스로 공무원이 되었다. 시험을 준비하면서 합격에 이르기까지 어디 하나 순조롭고 자연스러운 구석이 없었다. 나의 공무원 시험은 다섯 살짜리 딸과 남편, 친정 엄마 아빠는 물론 상비군으로 내 남동생까지 온 가족이 동원된 거대 프로젝트와 같았다. 남들 공부할 때 공부하고 남들 결혼할 때 결혼하라는, '남들 할 때 하라'는 식의 말을 어른들이 왜 그렇게 읊어대는지 온몸으로 체감했다.

내 머리는 아침에는 늦게 예열됐고, 밤에는 빠르게 식었다. 아침에는 존재했던 고대의 유적지나 근현대 사건들은 저녁 때는 모두 사라진 과거들에 불과했다. 방금 외운 영단어는 알코올 솜에 적셔진 알코올처럼 빠르게 휘발했다.

나 때문에 모든 가족이 동원되었다는 죄책감과 이렇게나 멍청한 나라는 자괴감 사이에서 나는 벼랑 끝에 선 심정이 되었다. 이 시험에서 떨어지면 가족들 볼 낯이 없겠다는 절박한 마음이 들었고, 되든 안 되든 매일 10시간이 넘는 시간을 공부에 매달렸다.

합격의 순간과 희열을 아직도 어제 일처럼 기억한다. 맞다. 나에게 시험 준비와 합격은 인간실격과도 같던 터널에서 한줄기 빛 같은, 인생 전체를 놓고 본다 해도 특별하달 수 있는 선물 같은 이벤트였다. 그때 나에겐 그런 게 필요했다. 그럴싸한 업적과 적절한 포상이 고팠던 시기였다. 그런 것들이 나의 쓸모에 대한 증명이며 나를 존재하게 만든다고 믿었다.

남들보다 조금 늦었지만 늦은 만큼 더 오래도록 가늘고 길게 가면 되는 거였다. 아이는 이제 여섯 살이 되니 나는 곧 육아에서도 놓여나 삶의 질은 수직 상승할 것이며 우아한 워킹맘이 되는 일만이 남아 있다 믿었던 그때, 무엇이 나의 발목을 잡았던 걸까. 그때 나를 주저앉힌 건 무엇이었을까.

예고도 기적도 없이 둘째가 찾아왔다. 나는 또 한번 육아라는 고된 노역에 동원되어야 했고, 하릴없이 육아휴직으로 4년을 보내야만 했다. 첫째 육아휴직 후 둘째까지 키우고 복직하려 했지만, 때맞춰 터진 코로나로 별수 없이 1년여 이상을 더 주저앉아야 했다.

임신과 출산은 결국 나의 선택에서 비롯된 결과이므로 그 책임을 상황 탓으로 돌릴 생각은 없다. 그러나 그때는 낮게라도 떠오르려는 나를 온 우주가 막아선 게 아닐까 싶게 일복 없는 박복한 내 팔자가 원망스러웠다. 그래도 언제든 돌아갈 직장이 있다고 생각하니 한편으론 든든한 마음도 있었다. 지인들 말마따나 '그냥 다니면' 되는 거니까 하는 그런 마음.

예상은 맞았다. 정년은 보장된 거였고 꾸준히 달리기만 하면 되는 거였다. 이름이 써진 내 자리는 얌전히 보전되어 있었다. 정말 그냥 다니면 될 것만 같았다. 문제는, 내 곁에서 같이 달리는 사람이 한 명도 없다는 거였다. 같이 입사했던 어린 동기들은 이미 저만치 삼삼오오 무리를 이뤄 달려나갔고, 같이 뛰어주며 나를 자극하거나 내가 독려해 이끌고 가야 할 이들이 단 한 명도 없었다.

나는 덩그러니 섬처럼 혼자였다. 강남으로 이사를 하고 나니 고립감은 더 심해졌다. 하필 나는 지방직 공무원이었다. 지방직 공무원의 가장 큰 장점이자 단점은, 동네가 곧 직장이 되는 직주 근접이라는 것이다. 바로 그 점 때문에 퇴사할 때까지 그 동네를 벗어나지 못한다. 동료가 동네 주민이니 사이가 좋으면 평생 친구를 직장에서 만나는 거고, 틀어지면 정년 때까지 웬수를 곁에 두고 봐야 한다.

그걸 몰랐던 나는 시험 볼 때 서울이건, 지역이건, 국가직이건, 지방직이건 일단 붙고 보자는 심정이었으나 막상 직장생활을 하게 되니 그 성급함이 얼마나 어리석었는지 알게 됐다. 내가 놓친 그 부분은 어쩌면 시험을 준비하기 전 가장 먼저 고려했어야 할 점이었다. 어디서 어떤 일을 하게 될지, 그게 직장생활의 핵심이 아니면 무어란 말인가. 아무런 계획 없이 시험 준비를 하고 원서를 넣고 시험을 치르고 합격을 한 나는, 이제 와서 그 어떤 것도 나와는 맞지 않는 직장을 원망하고 있었다.

"에이, 강남 사는 분이 뭐가 걱정이에요."

나보다 한참 어린 직원이 던진 이 말에 나는 웃음으로 받아쳤지만 그 말은 두고두고 내 속을 파고들었다. 그 한마디로 직원들과 조직이 나를 어떻게 보고 있는지 가늠할 수 있었다.

먹고살 걱정 없이, 생계와 상관없이, 여유롭게 직장생활 해도 되지 않겠냐는, 어쩌면 반쯤 부러움도 섞였을 그 말이 나에겐 날카롭게만 느껴졌다. 안 그래도 뒤늦게 복직해서 불안하고 초조한 마음에 배배 꼬인 열등감까지 더해졌고, 나에게 선을 긋는다는 마음마저 들었다.

동료들과의 깊은 유대감은, 서로 비슷한 상황에 놓여 있다는 동질감과 직장이라는 공공의 적이 있다는 결속감을 바탕으로 생겨난다. 직급 비슷한 이들 사이에서 나는 나이가 많고, 아이가 둘이라 공통된 대화 주제가 없었다. 나이가 비슷한 이들은 내가 정년까지 다닌다고 해도 달 수 없는 직급을 이미 달고 있었다. 사는 곳까지 달라진 그들과 나 사이에 유대감 같은 게 생길 리 만무했다.

조직 내에서의 성취감은 그 어떤 것보다 큰 보상이 된

다. 밖에서 보기엔 아무 의미 없는, 우물 안 개구리들끼리 북 치고 장구 치며 주고받는 훈장에 불과할지라도 그 안에서만큼은 더 잘하고 싶은 마음이 들게 하는 가장 큰 동기부여다. 그러나 동료들에게 나는 굳이 더 위로 올라가려고 애쓰지 않아도 되는 사람, 대충해도 되는 사람, 조직의 보상에 목매지 않아도 될 사람으로 그렇게 분류되었다.

"이사 와야지 뭐, 별 수 있나"라고 얘기하던 윗분도 있었다. 그러나 본인이 더 잘 알 것이었다. 생계형 가장이 아닌 다음에야 나 때문에 온 가족 대이동을 하는 게 쉽지 않다는 걸. 아이들에게 맞춰져야 할 환경, 가정 경제를 책임지는 남편의 출퇴근도 고려해야 하는데 나 좋자고 이사를 다시 강행할 수 없다는 걸.

일과 육아를 병행해본 사람이라면 잘 알 것이었다. 육아 시간을 쓰고 있다는 이유로 승진에서는 애저녁에 누락됐고, 월급도 성과급도 모든 게 덜 일하는 만큼 책정되어 있었는데도 나는 조직에 피해를 끼치는 사람이었다.

그렇게 내가 이방인인 곳에서 이뤄낼 것도, 해내고 싶은 것도, 나를 가슴 뛰게 할 그 어떤 것도 없었다. 나에게 아무런 기대도 하지 않는 그곳에서 또 한번 내 쓸모에 대한 회의감과 허탈함을 느꼈다. 내 앞에 주어진 일들에 정면으로 맞서며 모든 것을 쏟아붓고 살아왔다고 생각했는데, 직장에서 나의 필요란 일절 없었다.

이벤트는 찰나, 일상은 계속되는 법이었다. 복직에 대한 한때의 희열과 기쁨은 워킹맘의 일상 속으로 빠르게 잠식됐고, 직장에서도 집에서도 성취감과 보람을 찾지 못한 채 전전긍긍 좌불안석 우왕좌왕하는 찌들고 못난 나만 있었다. 집에서는 직장 생각, 직장에서는 집 생각.

나에게 주어진 하루의 주인이 아니라 질질 끌려가는 노예같이 못난 내가 나에게 질문을 던지고 있었다. 이사와 새로운 환경에 대한 적응으로 심한 피로감과 우울감에 시달리고 있던 나는, 복직이 나의 탈출구라고 여겼다. 그것만이 나를 찾는 길이라고 생각했다. 그러나 그 기대가 좌절되면서 텅 비어버린 나를 마주했다.

평범하게 살 용기

고시 낭인으로 직업에 대한 태생적(?) 실패를 가진 나에게는 직장에서 얻고자 하는 자존감이 있었다. 직업이 가져다주는 성취감과 사소한 보람에 대한 목마름이었다. 직장 동료들과의 끈끈한 전우애에 대한 환상 같은 것도 있었다.

그런 건 내 현실에 없다는 사실을 불혹의 나이에 자의 반 타의 반으로 알게 되었다. 언제부터 꼬인 것인지, 어디서부터 바로잡아야 할지 고민하고 집요하게 물을수록 한쪽 다리가 짧은 의자처럼 삐걱댔다. 다각도로 질문을 던져보았지만 나는 조직에서 직급으로도, 나이로도, 업무로도 동료들과 섞이거나 앞서갈 수 있는 부분이 없었다.

아니 따라잡는 일도 버겁고 실상은 불가능했다.

"자아실현을 꼭 직장에서 해야겠다는 생각을 버려."

나에게 제발 직장에 대한 환상을 버리라며, 철저한 제3자의 태도로 일관하는 남편이 남 일 얘기하듯 관찰자를 자처할 때 꼴 보기 싫었던 적이 있음을 고백한다. 인정하고 싶지는 않지만 그는 이 삭막하고 치열한 대한민국에서 직장생활 짬밥 20여 년에 이르는 K-직장인이다. 말단부터 임원에 이르는 직위를 모두 경험한 자의 달관과 초월 같은 게 그에게는 있었다. 그의 눈에 나는 지나치게 비장했고 쓸데없이 진지했다.

하지만 맞다. 꼭 월요일 아침 9시에 출근해서 주 5일을 근무하고 금요일 저녁 6시에 퇴근하는 곳만이 직장은 아니고, 책상에 앉아 일하는 것만이 직업은 아닐 것이다. 나에게 직장은 자아실현의 장이길 바랐지만, 누군가에게는 그저 생계 수단이고 또 누군가에게는 나를 소개하는 단 한 줄이 될 수도 있다. 그것이 보통의 삶이었다. 다들 그렇게 사는 삶. 왜냐고 물으면 그냥이라고 답하는 삶. 그렇다고 그런 삶이 고귀하지 않다거나 의미가 없다는 건 아니다.

다만 나의 삶에 그런 모습을 용납하지 못했을 뿐이다. 나는 실패했던 인간이니까, 남들보다 늦게 시작했으니까, 내가 나를 다그치고 채찍질하고 있었다.

좋아하는 일을 직업으로 삼은 사람, 잘하는 일을 하면서 돈까지 많이 버는 사람이 나는 여전히 참으로 부럽다. <유퀴즈>에 나와서 자신의 직업 이야기를 들려주고, 그것으로 자신의 정체성을 찾은 이들을 보면 영원히 충족될 일 없어 보이는 내 텅 빈 우물이 초라하고 공허하다.

그러나 일복 없는 내 삶은 뒷걸음질만 쳤던가. 불행하기만 했던가. 아니다. 감사하게도 생계의 최전선에 내몰려 아등바등하지 않아도 되었고, 덕분에 낙천적이고 긍정적인 인간으로 착각하며 괜찮은 인간인 척 살 수 있었다. 참으면 참나무가 되고 헌신하면 헌신짝 된다는 무시무시한 정글 같은 직장의 생태계를 경험하지 않아도 되었다.

살다 보면 인생이란, 내가 손써볼 새 없는 불공평이라는 토양 위에서 싹틔우는 법임을 깨닫는 시점이 분명히

온다. 마음대로 이루어진 적이 한 번도 없었던 일과 직업 때문에 난 그걸 명확히 깨달았다. 대부분의 삶은 그렇게 굴러간다.

이십 대의 실패를 극복해야 한다는 강박을 굴레처럼 짊어진 나에게 뒤늦게 찾은 직장이란 과거의 실패를 무마시키고, 더 나은 삶을 일으켜야 하는 비장한 곳이었다. 실패한 인생이 아니라는 반증을 직장에서 찾아야만 했다.

그러나 이제는 남들보다 못 가진 것들만 바라보던 시선에서 내가 운 좋게 누리고 사는 것들이 얼마나 귀한지 알아가고 있다. 싫은 걸 참아내는 어른들의 책임감은 얼마나 숭고한지. 그동안 남편의 어깨 위에 단독으로 걸쳐져 있던 실존적인 가장의 무게를 나도 나눠지게 되었다.

실패했던 과거의 나를 떠나보낼 줄 아는 것은 용기이다. 내 인생은 특별할 줄 알았지만 평범한 나를 받아들이고 사는 것, 그게 보통의 어른이 되는 과정인 것만 같다.

돈에서 자유롭길 원한다면

우리 엄마 말마따나 철두철미하고 찔러도 피 한 방울 나올 구멍이 없는 야문 남자의 와이프로 사는 게 참 말처럼 쉬운 일이 아니다. 특히 나같이 성기고 엉성한 인간이 그런 남편의 보조를 맞추어 걷는 건, 아무리 보폭을 넓히거나 재게 걷는다 한들 그의 성에 찰 리가 없다.

그러면 뛰었는가. 그럴 리가 없지. 그냥 내 속도대로 걸었다. 그에게 있는 계획표와 계산기가 나에게는 없는 까닭이다. 내 딴에는 드러눕거나 가던 길을 되돌아오지는 않았지만서도 같이 발맞춰 걸은 적이 없다 보니 항상 남편을 오해했다. 저 욕심 많은 인간, 얄짤 없는 인간, 빈틈없는 인간, 숨 가쁜 인간. 이런 것들이 남편에 대한 이

미지였다. 엄밀히 따지자면 오해라기보다는 공감을 못한 건지도 모르겠다.

"여보, 우리 제발 돈의 노예는 되지 말고 우아하게 살자."

내가 말하면 남편은 '꼭 대학에 가야만 행복한 건 아니잖아요'라고 말하는 고등학생을 바라보는 담임선생님의 표정이 되었다. 이해는 되는 게 '현재의 행복을 유예하지 않겠어!'라며 돈을 모으기보다 쓰는 쪽을 택하는 건 늘 나였기 때문이다.

나는 있으면 쓰고, 없으면 안 쓰는 복세편살(복잡한 세상 편하게 살자)의 아이콘답게 최저가를 검색해서 가장 저렴한 물건을 찾아내고, 얼리버드로 호텔이나 항공권을 예약하며 그걸 '아꼈다'고 생각하며 살아왔다. 없으면 없는 대로 스타벅스 대신 믹스커피를 마시고, 5성급 호텔 대신 게스트하우스에서 자면서도 행복한 게 나의 장점이라면 장점이랄까. 그에게는 자연스레 있는 게 나에게는 없다는 걸 느낄 때마다 그는 더욱 고삐를 죄었고 쫓기었으며 마음이 조급해졌다.

그가 쥔 고삐에 꼼짝없이 붙들려 잘사는 사람들이 많은 강남으로 이사를 오고 보니 돈이 좋은 거라는 걸 여러모로 느낀다. 이곳 사람들은 아이들이 원하는 걸 원할 때 해줄 수 있다. 먹고 싶은 걸 먹고 싶을 때 먹을 수 있다. 그러니까 돈을 쓰고 싶을 때나 써야 할 때 마음 놓고 쓸 수 있다는 것.

그건 돈에 관심 없을 때 돈으로부터 자유로워지는 것이 아니라, 돈을 의식할 때 비로소 자유로워질 수 있다는 의미였다. 돈이 물론 행복의 전부는 아니지만 돈이 없으면 현재의 행복은 유예되는 것이었다. 그러니까 돈의 노예는 되지 말자는 내 모토는 세상물정 모르는 허세이자 모순이었다. 돈의 주인이 되고자 한다면, 그래서 돈에서 자유롭길 원한다면 우선은 노예처럼 벌어야 하는 것이었다.

주변의 많은 사람들을 보고 내가 놀랐던 건, 그저 원래 부자인 줄 알았던 그들이 실은 수많은 시도와 시행착오, 실패와 재도전을 통해 여기까지 왔다는 사실이었다. 물론 그런 가운데 한두 스푼가량의 행운도 있는 것이었지만 가만히 있는데 여기까지 떠밀려올 수는 없었다. 행운도 준비된 자에게 찾아오는 것이니까. 유유히 떠 있는 우아하고 고매한 백조가 실은 수면 아래에서 쉼 없이 세차게 발을 구르고 있는 것처럼 그들은 끊임없이 노력해서 여기에 이르렀고, 지금은 그걸 여러 가지 형태로 누리는 중이었던 거다. 뭐, 알고 보면 지금도 힘차게 발 구르기 중일 수도 있다.

자기를 따라오라던 남편 옆에서 나도 직접 보고 겪고 느끼면서 나는 남편의 노력을 폄훼하지 않을 수 있었고, 닦달처럼 느껴지던 그의 말들이 실은 그 나름의 몸부림이라는 걸 알게 되었다. 그때에서야 나는 남편을 오해하지 않을 수 있었다. 욕심 많고, 얄짤 없고, 빈틈없고, 숨 가쁜 게 아니라 그는 그저 최선을 다한 것이었고, 그가 딴 과실은 우리 가족 모두가 나눠 먹을 수 있는 열매였다. 그걸 깨닫고 나서야 나는 세상에 존재하는 모든 노동과 노력, 투자와 성과, 번뇌와 실행을 우열 없이 존중할 수 있게 되었다.

남편의 외로움과 조바심, 불안감과 초조함은 선척적 기질의 영향도 있겠으나 그 옆에서 지나치게 느긋하고 나이브한 내가 기여한 바도 있다는 사실에 일말의 책임감을 느끼고 나니, 그의 결정에 사사건건 어깃장을 놓던 나를 나무라고 과거의 그를 안아주고 싶어졌다. 일부러 훼방을 놓을 심산은 아니었고, 다만 우리가 바라보는 곳과 원하는 바가 달라서였다고 주장해보지만 어찌 되었든 반대는 반대였으니. 우리의 오늘을 있게 한 8할 이상은 그의 노력이었다.

그는 우리가 처음 만났을 때부터 나에게 늘 '오빠'여서 나보다 세상을 더 산 사람, 인생에 대해 더 많은 걸 아는 멘토, 나보다 아주 조금 더 위로 솟아 있는 산이었다. 그러나 지금 생각해보면 그때의 그 역시 이제 갓 사회에 나온 이십 대 후반의 어리숙하고 두려운 눈을 한 청년이었을 테다. 말 그대로 맨땅에 수차례 헤딩을 해가며 재테크와 돈에 대해 알아갔을 그를 떠올리니 안쓰럽고 짠했다. 그를 오해했던 나는 이제 그를 이해한다.

이해도 능력이다. 이렇게 말하는 건, 내 인생 신조가 거기서 왔기 때문이다. 문학 작품에서 인생의 좌우명을 찾는 게 누군가에게는 퍽 안일하게 보일 수 있으나 나는 어떤 드라마 주인공의 대사처럼 원체 무용하고 아름다운 것들을 좋아하는 인간이다. 내가 현실에 뿌리내리고 나를 세상에 단단히 붙들어 매기 위해선 어쩔 도리 없이 책과 작가, 그들의 시선과 사유가 필요하다.

신형철 평론가는 《느낌의 공동체》에서 '사랑은 능력이다'라고 정의한다. '나는 너를 사랑하기 때문에 지금 너를 사로잡고 있는 느낌을 알 수 있고 그 느낌의 세계로 들어갈 수 있다'라고 하며 '서로 사랑하는 이들만이 느낌의 공동체를 구성할 수 있다'라고 말한다.

언뜻 사랑에 관한 무용한 담론처럼 보이는 이 문장들은 그러나, 내가 타인의 말을 경청하고 공감하고 결국 이해에 이를 수 있는 가장 정확하고 바른 방법에 대한 이야기를 하고 있다. 내가 너의 기분과 느낌의 가장 근원적인 부분을 이해해보고 싶다는 노력과 다짐으로 나는 상대의 입장이 되어볼 수 있다.

그 '되어보는' 것만으로 우리는 많은 갈등과 차이의 폭을 좁힐 수 있다는 건 이미 나와 남편이 15여 년의 결혼생활로 증명했다. 물론 그를 다 안다는 건 아니다. 세월의

흐름과 함께 노력이 더해져 서로에 대한 마음이 둥글게 다듬어진다. 오해에서 이해로, 사랑의 물길은 잔잔히 흘러간다.

3

가족이라는 변수

{ 🏠 }
(♥)
[♪]

마무리를 해낸 사람만이
시작한 사람으로 기억된다

이사 오고 얼마 지나지 않아 아이들의 새 학기가 시작되었을 무렵이다. 첫째 아이 친구의 어머니들과 모임 날짜가 잡혔는데, 하필 치과 진료와 시간이 겹쳤다. 나는 모임에 잠깐 들러 인사를 하고 치과에 갈 요량이었는데 남편이 말했다.

모임에 먼저 갔다가 중간에 빠지는 것보다는 늦게 가더라도 마지막까지 있는 게 낫다는 거였다. 조용히 자리를 지키더라도 마지막까지 남아 있는 사람이 모임에 참석한 사람으로 기억된다면서.

지난 날, 어떻게든 집에 일찍 들어오고 싶어서 회식은 1차만 참석해 사실상 프로 불참러로 기억되던 자의 조언이 그러하다니 나는 남편의 얘기를 흘려들을 수 없었다.

이동 동선이 길어지고 허비하는 시간이 생기는 수고로움을 감수하고서라도 나는 끝까지 모임에 남아 있는 쪽을 택했고, 그 덕분인지 모임에서 아이들끼리의 관계로 얽히지 않은, 좋은 동네 언니와 동생들이 몇몇 생겼다. 모임 도중에 나왔다면 누구의 엄마가 아닌 내 이름으로 통성명을 하고 연락처까지 주고받지는 못했을 것이다.

몇 번의 이직을 거친 남편은 이제 각종 모임과 회식 자리에서 대체로 마지막까지 남아 있는다. 계속해서 불참러로 남았다면 몰랐을 부분들이 많다.

모임의 시작은 대체로 시끌벅적하고 어수선해서 목소리 큰 사람이 두드러지기 마련이지만 모임의 끝은 그렇지 않다. 자리의 한 켠을 묵묵히 차지하고 있는 사람, 말을 하는 쪽보다 듣는 쪽을 택하고 분위기에 적당히 어우러지는 사람, 그냥 거기에 오도카니 있는 사람. 마무리는 그런 사람들이 한다.

그는 자신의 컨셉을 그렇게 정했다. 물론 그가 나서서 정한 것은 아니다. 그저 왁자지껄한 술자리의 특성이, 조용하고 차분한 그를 그렇게 만들어주었을 따름이다. 처음 그가 모임에 쉽게 빠지게 된 이유 역시 딱히 티가 안 났기 때문일지 모르겠다. 그래서 나 하나쯤 빠져도 모임의 흥이나 목적에는 일절 영향이 없다고 그는 믿었을 것이다.

그러나 한두 번 모임에 끝까지 참석하면서 보니 불필요해 보이는 여러 모임들이 실은 그 불필요함 때문에 존재함을 알게 됐다. 일과가 끝나고 어른들이 모여 흰소리, 헛소리를 하는 회식은 함께 시간을 보냈다는 일종의 공모 같은 거였다. 각자에게 귀한 시간을 내어 비생산적인 자리를 함께할 정도로 우리는 끈끈하다는 유대감, 그게 어떤 때는 사회생활에서 일을 잘하는 것보다 더 중요한 거였다. 쓸데없는 9할의 이야기들 중에서 중요한 줄도 모르고 흘리듯 지나가는 쓸모 있는 1할의 정보. 그걸 위해 회식 자리가 있었다.

그렇게 참석자가 된 그는 대부분의 모임이 시작할 땐 활활 타오르는 장작불 같지만 시간이 지날수록 열기가 사위어가는 화롯불 같다는 것을 캐치했다. 그리고 자신의 역할은 맹렬히 타오르는 불꽃과 사위어가는 잿더미 사이에 있다는 걸 알아챘다. 그냥 본능적으로 그랬다.

그는 스스로 드러내지 않아서 없는 줄 알았지만 필요한 때 거기 있는 사람이었다. 말로는 나대는 데 소질이 없어 술자리에서 최고로 재미없는 꿔다 놓은 보릿자루라고 나는 그에게 면박을 주었지만, 사실 그는 내가 가장 갖고 싶어하는 포지션을 맡은 사람이다.

왁자지껄한 술자리가 끝나고 어김없이 다음 날이 온다. 그러나 술자리의 슈퍼스타들은 기억이 없다. 숙취와 함께 깨어난 아침, 그들은 조용히 마무리를 도맡았을 남편에게 전화를 건다.

"나 어제 집에 어떻게 들어갔어?"

"나 뭐 실수한 건 없니?"

모임이 후반부를 향해 가면서 어떠한 동선으로 움직였는지, 술값은 얼마가 나왔으며 계산은 어떻게 했는지, 각자의 소지품들은 어떻게 챙겼는지, 아침마다 전화를 받는 남편은 다 알고 있다. 확실히 그는 보살핌과 부축을 받는 쪽보다는 남을 돌보고 챙기는 것이 성미에 잘 맞다.

우리가 같은 모임에 참석한 적이 많지는 않지만, 언제든 시작은 요란하고 능수능란해도 마무리는 서툰 나에게 남편의 그런 성정은 든든했다. 내가 매듭을 못 묶고 중간에 부유할 때면 나를 끄집어 내려주고, 침잠할 때는 끌어올려 단단히 매듭을 묶어줄 사람이다, 그는.

1월 1일이면 해돋이를 보러 전국 모처로 새벽부터 떠나는 마음을 나는 누구보다 이해한다. 가열찬 초반 에너지를 갖고 있지만 시간이 흘러 실력이나 에너지보다 정신 상태가 중요해지는 시기가 되면 뚝심과 끈기, 근성이 부족한 나는 곧 흥미를 잃고, 이 일을 추진해야 했던 목적과 이유마저도 자주 잊는다. 그러니까 술자리로 따지면 요란하게 시작했으면서 마지막에는 존재와 기억을 타인에게 의탁하는, 그게 나다.

내가 즐겨 보는 스포츠 경기가 단시간에 결과를 예측할 수 있는 씨름이나 유도, 100m 달리기에 국한된 이유 역시 목소리만 크고 성격은 급한데 뚝심 없는 내 성격과도 무관치는 않을 것이다. 나는 그런 운동의 관객으로 알맞다. 그러나 그런 운동에 임하는 선수들은 그 짧은 순간을 완벽하게 마무리하기 위해 존재의 강약을 극도로 조절하는 시기를 반드시 거쳐왔을 것이다.

내 삶에도 하반기는 어김없이 찾아오고, 올해의 목표는 무엇이었는지, 내가 세운 계획들이 무엇이었고 어떻게 진행되고 있는지, 한 번쯤은 돌아보고 반성해야 하는 때가 온다. 나는 어떤 마무리를 준비하고 있는가. 인생 하반기를 앞둔 지금, 반환점에 선 나는 이제 돌아볼 때가 되었다.

그러고 보면 시작만큼 쉬운 일이 없다. 누구나 다 시작은 할 수 있다. 그러나 아무나 끝을 맺을 수 있는 건 아니다. 드라마 주인공이 여러 고난과 위기에 놓이는 과정을 거치듯, 시작을 한 사람에게는 어떤 식으로든 남의 눈에 띄지 않는 인고의 시간이 반드시 찾아온다. 묵묵히 견뎌낼 수 있느냐, 내 존재감을 숨기고 버틸 수 있느냐, 꺾여도 계속 해낼 마음이 있느냐의 문제가 닥친다.

중요한 건, 마지막 마무리를 잘해낸 사람만이 시작도 했었던 사람으로 기억된다는 사실이다. 그건 아마도 일대기나 평전이 사후에 기록되는 이치와도 같을 것이다.

처음부터 끝까지 사건 사고만 터지다가 시끄럽게 끝

나는 이야기는 없다. 초반에 과몰입하던 드라마가 점차 산으로 가다가 맨 처음 던져놓은 떡밥들이 회수가 안 되고 얼렁뚱땅 마무리될 때, 애초부터 재미없어 기대도 되지 않던 드라마보다 훨씬 더 큰 분노와 배신감을 유발한다. 반면 뜨뜻미지근하게 시작한 드라마가 점차 충실한 서사를 거쳐 마침내 시청자들을 설득하는 데 성공했을 때, 그 드라마의 미약했던 처음을 기억하는 이는 없다. 두고두고 회자되는 명작이 되는 이치, 거기에 마무리의 미학이 있다.

성격 급한 나는 대강의 얼개만 염두에 둔 채 글을 써내려간다. 무엇을 쓸지, 어떻게 끝낼지, 왜 이렇게 흘러가는지 나도 모르는 채, 그저 글이 나를 이끄는 곳으로 향하는 게 내 성격에 맞다. 그러다 중간에 전혀 다른 새로운 화제로 전환되기도 하고, 애초 계획하지 않았던 낯선 종착지에 닿기도 한다.

그렇지만 무엇보다 중요한 것은 마침표를 찍는다는 것. 쓰다 만 명문보다 완성한 습작이 더 훌륭하다. 나의 글쓰기도 그렇게 성장하고 있다고 믿는다.

사소한 아름다움을 맞이할 준비

 남편과 나는 여행을 썩 좋아하지 않았다. 신혼일 땐 언제든 마음만 먹으면 떠날 수 있으니 굳이 그게 오늘이나 내일일 필요는 없었다. 더군다나 성수기의 여행이란 존재 자체가 모순인 바, 더더욱 떠날 필요가 없었다. 집 떠나면 고생인걸, 왜 인파로 가득한 시즌에 굳이 떠나서 고생을 사서 하냐는 논리로 우리는 집돌이 집순이이길 택했다.

 아이가 태어나니 그러기가 힘들어졌다. 일단 언제든 떠날 수 있는 게 아니게 되었다. 모든 건 아이 위주로 돌아갔다. 기억도 못할 어린아이를 해외로 데리고 가는 건 분명 우리의 욕심이었다. 그래도 아이는 여행은 기억 못하겠지만 여행지에서 엄마 아빠와 보낸 행복한 시간에 대한 정서는 간직할 것이다.

1년에 한두 번쯤 동남아나 가까운 해외로 나가는 것은 그래도 나름 괜찮은 인생을 사는 것 같은 착각을 주기도 해서, 우리는 유명하다는 관광지를 급한 밥 먹듯 둘러봤고 유명한 식당, 유명한 카페를 밀린 업무 해치우듯 체험했다. 실은 그 모든 게 관광이나 휴양이 아니라 장소만 바뀐 육아에 가까웠다. 타국에서 우리는 육아에 시달렸다. 그리고 집에 돌아오면 물갈이나 여독에 한참을 시달렸다.

최근 몇 해, 국내의 가깝고도 먼 지역을 가족들과 짧게 자주 여행 다녔다. 우리가 국내 여행을 다니게 된 데는 코로나의 영향이 컸다. 그때 떠났던 강릉으로의 여행을 잊지 못한다. 처음으로 여행 준비하는 재미와 여행지에서 누리는 낭만, 돌아온 뒤에 곱씹는 여운에 대해 알게 되었다. 그 후로 나는 1년 365일 중 여행 기간을 뺀 나머지 시간은 다음 여행을 갈 생각으로 가득한 사람이 되었다.

남편은 여행에서만큼은 궁상을 떨지 않겠다고 다짐했다. 워낙 절약과 검소가 몸에 밴 그는, 여행지에서 돈을 아낄수록 우리가 싸울 확률이 높아진다는 걸 드디어 알게 되었다. 돈을 절약한다는 건, 여행지에서 몸이 더 힘들고 고달파진다는 것과 동의어였다.

항상 몸을 재게 놀리고 돈을 세이브하는 쪽을 택했던 그도 여행의 맛을 알고 나서는 지나친 절약과 궁상은 여행의 낭만에 재를 뿌리는 거라는 감상과, 여행은 그 자체로 돈을 쓰러 가는 성질의 것이라서 절약과는 어울리지 않는다는 소회를 밝혀왔다. 나는 쌍수를 들어 환영했다.

"버는 것만큼 중요한 게 잘 쓰는 거야. 그건 아끼기만 하는 것과는 다르지."

여행이란, 기억에 남는 단 한 순간만 있어도 성공이다. 또 여행이란 그 누구도 얘기해주지 못할 나와 너의 모습에 대해, 그리고 우리의 관계에 대해 알아가고 배워가는 또 다른 기회다. 특히 남편과 나는 여행에서마저도 교집합이랄 게 없는 철저한 반대라는 사실들이 계속해서 드러났다. 일상에서라면 결코 몰랐을 것들이었다.

국내의 여러 바다를 보고 나니, 이 작은 나라에도 고를 수 있는 바다의 몇 가지 선택지가 있다는 게 신기했다. 우리 국토를 둘러싼 바다의 모습은 삼면이 다 달랐고 그곳들을 다녀보니 우리의 취향이 고스란히 드러났다.

남편은 광활하고 탁 트인 동해를 좋아했다. 그러나 나는 시선이 머무는 곳곳에 작은 섬과 나무들이 걸려 어딘가 사연 있어 보이는 남해를 사랑했다. 남편은 청승맞아 보인다고 했던 그 점이 나에게는 왠지 모르게 처연한 서사를 품은 듯 신비로워 보였다. 우리는 서로 다른 바다 취향을 가졌지만 둘 다 가장 사랑하는 것은 에메랄드나 터키석 같은 색상이 그러데이션을 이루며 하늘의 푸른빛과 맞닿은 제주 바다였다.

사실 나는 바다보다 산을 더 좋아하는 사람이었다. 바다 앞에선 막연하고 막막해서 둘 데 없이 불안해지는 시선이 숲과 산에서는 차분하게 고요를 찾았다. 나를 둘러싼 숲의 크고 작은 나무와 풀들은 나를 품어주는 것 같았다. 남편은 내가 느끼는 그런 편안함을 시야가 막히는 갑갑함으로 받아들였고, 시원하고 막힌 데가 없어 숨길 것도 없는 정직한 바다가 좋다고 했다.

처음 몇 번은 융숭하고 극진하게 나를 맞아주는, 다들 알 만한 유명한 호텔이나 리조트가 좋았다. 황송한 그 느낌에 취했다는 표현이 맞겠다. 그러나 다양하게 다녀보면서 나는 진짜 내 여행의 취향을 찾았다.

나는 촌캉스를 좋아한다. 그러나 남편은 여전히 집을 가장 좋아하고, 굳이 따지자면 모든 시설이 다 갖춰진 편리한 리조트를 좋아한다. 우린 둘 다 도시에서 나고 자랐지만, 남편에게는 시골에 관한 기억과 정서가 거의 없는데 반해 나는 방학 때면 늘 시골 할머니댁으로 휴가를 떠났었기 때문에 시골에 관한 생생한 추억들이 있었다.

그 때문인지 나는 나이 들수록 호화롭고 휘황한 곳에서 특별한 사람이 되어 대접받고 누리는 여행보다는, 소담하면서도 투박한 시골집과 그 풍경에 자연스럽게 스며드는 그런 여행을 꿈꾼다. 잘 가꾸어진 호텔의 정원과 높은 천장을 가진 호텔 로비보다 낮은 담장 옆 무질서해 보이면서도 실은 질서정연하게 자연의 섭리를 따르는 텃밭을 따라 걷는 산책이 더 좋다. 클래식이 흐르고 식기들이 부딪치는 소리마저 고상한 호텔의 아침 풍경보다 새가 지저귀고 나뭇잎들이 바람에 몸을 비비는 소리로 아침을 깨우는 시골의 정취가 더 좋다.

여행 후에도 오래도록 기억에 남는 장면들은 모두 우연한 순간에서 비롯되었다. 그것은 숙소로 돌아가던 어느 밤, 차를 세운 갓길에서 만난 남해의 밤바다 위에 뜬 달이기도 했고, 정선 시골집의 담장에 흐드러지게 피어난 능소화이기도 했다. 제주 해안도로를 스치듯 지나다가 본 이름 모를 해변의 윤슬이기도 했고, 가을이 아닌 뜻밖의 봄 노을에 마음이 홀리기도 했다.

그때의 감동을 다시 느끼고 싶어서 재차 방문한 곳도 있다. 하지만 처음 봤을 때 느낀 강렬한 감흥은 다시 찾아오지 않았고 그 찰나의 순간들은 재현되지 않았다. 다시 반복되지 않을 그 소중한 순간들은 어쩌면 온 우주가 나만을 위해 정성껏 모든 상황을 빚어놓고 그곳에 나를 초대한 게 아니겠냐는 나에게 남편은 말한다.

"그거 다 우리 동네에도 있는 것들이잖아."

머쓱하게 코를 긁으며 부정해보지만 실은 그렇다. 곁에 머무르는 많은 아름다운 것들을 나는 놓치고 있는 건 아닐지. 그때야 깨달았다. 내게 여행이란, 사소한 아름다움을 맞이할 준비를 하고 떠나는 마음이라는 것을.

새벽잠을 포기한 대신

 어린 시절의 나에게 새벽은 대체로 기억에 없는 시간이다. 동생과 같이 자다가 가끔 다리가 엉키거나 팔이 포개져 잠이 깰 적이 있었다. 그런 새벽이면 종종 바깥에서 엄마와 아빠가 두런거리는 낮고 조심스러운 대화 소리가 들려오기도 했다. 5시면 집을 나서는 아빠의 출근 시간 무렵이었을 것이다.

 대중교통과 도로 사정이 좋지 않던 시절, 아빠의 근무지였던 학교는 집에서 넉넉잡아 2시간 이상 걸리는 경기도 끝자락에 있었다. 고속버스를 타고 출근하던 아빠의 도시락을 엄마는 매일같이 쌌다. 달그락거리는 그릇 소리, 달걀이 익어가며 연하게 풍겨오던 기름 냄새, 이윽고

현관문을 열며 아빠가 집을 나서던 소리까지 희미하게 느껴지던 그 새벽. 나는 우리 집에 아침이 찾아오던 일련의 기척들을 소란이 아닌 평화라 느꼈고, 굳이 더 편한 자세를 찾겠다는 듯 부러 뒤척여 이불을 다시 덮은 뒤 잠 속으로 빠져들곤 했다.

어린 시절을 지나 다 큰 어른이 되었을 때도 가끔 들려오던 엄마 아빠의 조용한 말소리가 좋았다. 출근을 앞두고 일어나야 한다는 압박감에 시달릴 때도 어슴푸레 밝아오는 새벽녘 부모님의 나지막한 음성은 얼마간 더 자도 된다는 안도감과 포근함을 주는 자장가 같았다. 그러나 결혼 후, 나는 새벽이 찾아오는 시간을 명확하게 인식하게 되었고 평화로운 새벽과는 안녕을 고했다.

남편은 일찍 일어나는 새였다. 일찍 일어나는 새는 당연히 일찍 피곤해지므로 그는 영감처럼 초저녁부터 쏟아지는 잠을 이기지 못했다. 그 좋아하는 밤 산책이라도 다녀온 날이면 씻을 정신도 없이 소파에서 그대로 곯아떨어지기 일쑤였다. 그러고 몇 시간 뒤면 그는 언제 그렇게 깊게 잠이 들었나 싶게 자리를 박차고 일어나 하루를 시작했다.

효율이 필요한 일이나 결론을 내야 하는 일을 그는 새벽에 했다. 학창 시절에도 그는 일찍 잠들고 누구보다 일찍 일어나 새벽 공부를 했노라고 말했다. 새벽 공부라니, 나로서는 있을 수도 없고 알고 싶지도 않은 세계였다. 그래, 나는 유독 아침에 에너지가 없는 심야형 인간이다.

나는 아침 내내 병든 닭처럼 골골대다 커피를 한 잔 마시면서 희뿌옇고 매캐한 머릿속의 안개를 조금씩 걷어낸다. 정오 무렵부터 차차 정신을 차려 점심 첫 끼를 연료 삼은 나는 오후를 지나 밤으로 향하면서 쌩쌩해지는 올빼미 같은 여자였다.

잠이 쏟아지기 시작하는 사춘기 시절, 걸어서 5분 거리에 있는 학교를 두고 1분이라도 더 자보겠다고 교복을 입고 잤다면 과연 믿을 사람이 있을까. 아무튼 그건 사실이었다. 블라우스까지 챙겨 입고 잤더니 다음 날 구겨진 블라우스 때문에 행색이 말도 못하게 추레하길래 그다음부턴 흰 티에 교복 치마만 입고 잤다.

그 시절엔 자정부터 시작하던 라디오가 왜 그리 재미

나던지, 그 시간에 쓰던 교환 일기들과 편지들은 왜 그다지도 낭만적이던지, 밤 깊도록 할 일이 수두룩했던 사춘기 소녀는 새벽에야 주섬주섬 교복을 입고 잠자리에 들었다. 그렇게 내 생체시계에는 아침의 활력 대신 밤의 낭만이 깊게 각인되었다. 그러니까 우리의 생체리듬은 완전히 정반대였다.

신혼 초, 우리가 타협한 방법은 시차 두기였다. 남편이 먼저 잠들어 있으면 그 뒤에 내가 들어가서 잤다. 혹은 소파에서 잠든 남편을 굳이 깨우지 않고 내가 먼저 방에 들어가 자고 있으면 남편이 조용히 들어와 눕는 식이었다. 그때는 우리 둘 다 젊어서 한번 잠들면 잘 깨지 않았고, 깨도 다시 잠들기 쉬웠던 데다가, 누군가 옆에 같이 자고 있다는 사실이 무섭지 않게 서로를 지켜준다는 얼토당토않은 생각을 했던 것 같다.

그러나 아이가 태어나면서 이마저 녹록지 않았다. 나는 온 신경 끝에 촉수가 돋아난 것처럼 모든 감각에 극도로 예민한 사람이 되어갔다. 물론 육아를 할 땐 머리만 대면 자고, 남는 시간엔 일단 잠부터 자둬야 했지만, 모성애란 꿈속을 헤매다가도 내 아이의 소리와 냄새만은 예민하게 알아차리는 것이었다. 그건 반대로, 아무런 소리와 냄새가 느껴지지 않는 상태 역시 민감하게 감각해야 하는 일이기도 했다. 너무 조용하다 싶은 상태가 지속되면 화들짝 깨어나 자고 있는 아기의 코끝에 손을 대보고, 아기가 옅고 가늘게 숨을 쉰다는 것이 확인되면 안도하며 다시 잠들곤 했다.

그때부터였다. 우리가 각방을 쓰게 된 게. 그는 밤에 아기랑 같이 자러 들어가서도 먼저 잠드는 사람이었다. 옆에서 아기가 무슨 짓을 해도 절대 깨지 않았다. 결국 아기를 재우는 건 늘 나였다. 거기서 끝이면 좋으련만, 개운하게 자고 일어난 그는 해가 채 뜨기도 전에 기상했다.

아기가 태어나기 전부터 유지해온 그의 일상적 루틴이었고 딴에는 조용히 한다고 하는 일들이었겠지만 이른 새벽녘 그가 컴퓨터를 켜는 소리, 그러다가 정수기에서 물을 따라 마시는 소리, 화장실 들락거리는 소리, 새벽 산책을 하고 돌아오는 소리, 또 그러다가 커피를 내리는 소리…. 그 모든 소리들은 한데 엉켜서 내 새벽의 고요를 일시에 집어삼키고, 나의 신경 곳곳으로 진군해와 점점 더 나를 예민한 사람으로 만들었다. 아무리 배려한다 해도 남편의 새벽 생활은 나에게는 소음이었고, 가장 중요한 시간을 방해받는 건 남편도 마찬가지였을 것이다.

우리가 신혼생활을 하던 2000년대 초만 해도 부부가 각방을 쓰는 걸 염두에 두는 커플은 드물었다. 침대를 고를 때도, 이불을 마련할 때도, 스탠드를 살 때도, 어느 상점에서도 두 개를 살 수 있다는 권유를 받은 적은 없다. 요즘에야 인테리어 사진들을 보거나 가구 매장엘 가도 나란히 예쁘게 놓인 슈퍼싱글 사이즈의 침대가 흔하지만, 그 시절 그런 침실은 서양 영화라든가 5성급 호텔에서나 가능한 구조였다.

그러니 대체로 사회 통념에 맞춰 평범하게 살아오던 우리에게 각방을 쓰는 일은 대범함과 도전 정신이 꽤 필요한 일이었다. 우리 뜻에 이렇다 저렇다 별말 없으시던 부모님도 잠은 같이 자야 부부 아니겠냐고 했다. 다른 의미로 그건 '요즘 애들은 별나다'는 뜻이었을 것이다. 그러나 크고 화려하진 않아도 내 방 하나쯤은 가지면서 성장기를 보낸 우리는 우리보다 내가 먼저였다.

 일단 내가 살아야 가정도 부부도 있고 그다음도 있는 거라며 남편과 나는 일상의 질을 높이기 위해 각방 쓰기를 밀어붙였다. 아이들이 어느 정도 커서 혼자 잘 수 있게 될 무렵, 나는 남편으로부터 남편은 나로부터 수면 독립을 이루었다. 우리는 이제 각자 원하는 일을 하다가 원하는 시간에 잠자리에 든다.

 그리 크지 않은 아파트의 양 복도 끝 방을 각각 차지한 우리는 다른 생체시계를 가지고도 그럭저럭 평화로운 밤과 아침을 맞이하지만, 종종 그는 어슴푸레 밝은 기운이 돋아나는 새벽녘 나의 방에 슬며시 들어와 속삭이곤 한다.

 "여보, 미안한데 국은 어디 있다고 했지?"

 기어코 잠든 나를 깨운다. 새벽같이 일어나 활동을 개시했는데 배가 안 고프고 배기겠는가. 어젯밤 분명히 국 있는 위치와 반찬까지 다 일러주었지만 그는 졸린 정신에 흘려들었을 게 뻔하다.

 누운 채로 설명하다 답답해진 나는 결국 힘겹게 몸을

일으킨다. 뾰족하고 날카로운 신경, 천근만근 무겁고 무딘 육체, 혼탁하고 몽롱한 기분이지만 다시 잠들기는 다 틀린 시간. 이제 새벽은 나에게 그런 시간이다. 어린 시절의 그 평화로움과 안락함은 영영 다시 느낄 수 없는 감정일 것이다.

부모로부터 떨어져나와 경제적 독립을 이루고 자주적으로 살아간다는 건, 부양할 가족이 있는 어른의 삶을 살아간다는 건, 집 안에서 나는 많은 소리를 풍경의 일부로 인식하는 것이 아니라 그 소리의 근원과 정체를 일일이 찾아내는 일일 것이다. 그리고 그걸 제거하거나 받아들이기를 선택하고 해결하는 게 책임감일 것이다. 나는 이제 받아들이기를 택했다.

다만 이제는 내 아이들이 새벽녘 잠결에 들리는 엄마 아빠의 낮은 말소리와 조심스러운 부산함에 가족의 단란함과 아늑함을 느끼기를. 그리운 어린 시절의 나처럼.

할 만큼 한 사람의
이별 방법

우리 어머님은 재작년 12월, 그러니까 내 생일이 있던 달에 돌아가셨다. 어머님과 나의 서사야 여느 고부간처럼 굽이굽이 흐르고 넘치는 것이겠으나, 이상하게도 나는 모든 이야기를 생략한 채 자꾸만 어머님을 처음 만났던 그날로 돌아간다.

남편은, 막내인 줄 알았던 셋째가 열세 살 되던 해에 찾아온 늦둥이였다. 그런 탓에 어머님은 나에게도 그저 할머니 같아서, 첫 만남부터 자발없이 이 얘기 저 얘기 늘어놓는 나를 안경 너머로 바라보시던 모습이 아직도 선명히 기억에 남는다.

내 생일에 어머님 발인이 있는 이유로 지인들은 조의

와 축하의 중간에서 애매하게 발을 걸친 채 우왕좌왕했다고 한다. 나는 생애 처음 다양한 방식으로 위로와 축하를 동시에 받는 기이한 경험을 했고, 덕분에 나는 평생 어머님의 기일과 발인을 절대로 잊을 수 없는 며느리가 되었다.

어머님이 떠나시면서 큰 선물을 주고 가셨다거나, 태어나서 받는 가장 큰 선물 아니겠냐는 말들을 주로 며느리 입장에 있거나 있었던 사람들이 조심스레 해왔다. 그 말에 어떠한 악의가 있지 않다는 것을 누구보다 나는 잘 안다.

긴병 앞에 효자 없다고 당뇨를 오래 앓고 계신 어머님이 서울 큰 병원에 오고 싶다고 하셨을 때 나는 병상에서 어머님이 오랜 시간을 보내게 될까 봐, 그래서 내 얕은 효심과 작은 그릇이 시험에 들까 봐 자못 두려웠었다. 그렇지만 어머님은 서울에 올라오신 지 한 달여 만에 하늘로 가셨다. 당뇨로 인한 혈관 협착 수술은 성공했음에도 불구하고 예상치 못한 폐렴이 원인이 되어 돌아가셨고, 그래서 우리는 더 허망하고 황망한 기분이 되었다.

그런 일련의 과정에서 나와 남편이 어떻게 해왔는지 잘 아는 지인들이, 나 고생할까 봐 어머님이 좋은 날 받아 가셨다며 건네온 얘기들이었을 것이었다. 시험에도 채 들지 못한 효심은 그러나 내 마음속에서만큼은 갚을 수도, 해소할 수도 없는 죄책감으로 남았다. 영영 어찌해볼 수 없는 마음이 되었다.

한편, 남편은 그게 정확히 언제인지는 몰라도 어머님이 떠날 준비를 하고 있다는 사실과, 어머님과 함께 지낼 날이 얼마 남지 않았다는 사실이 피하려 해도 자꾸만 와닿는다고 말했다. 평생을 귀찮아서 아들 집에도 잘 놀러 오지 않던 분이 부여에 있는 고란사엘 뜬금없이 가보고 싶다고 하신 이야기, 낡은 장롱 위에 보관된 2천만 원을 연락이 끊긴 지 오래된, 그래서 나는 결혼생활 15년간 한 번도 보지 못한 당신의 딸에게 주고 싶다고 했던 몇몇 이야기들 속에서 남편은 평소와 달라도 많이 달라진 어머님을 느꼈다.

낯선 어머님의 모습을 어찌할 도리 없이 멀리서 전화기 너머로만 느끼면서도 그는 조금씩 마음의 준비를 했던 것 같다. 고향으로 내려갈 준비를 하던 새벽, 샤워실에서 들려오던 꺼억꺼억 소리…. 어머님을 보내드릴 때까지 그가 운 건 그날이 마지막이었다.

어머님의 장례 절차가 진행되는 동안 나는 남편의 배려로 시내의 작은 호텔에서 지낼 수 있었다. 다른 집안이었으면 어땠을까 생각해보면 그런 배려는 받을 수 없었을 것 같고, 나 역시 그걸 '배려'라고 느끼는 만큼 남편에게 아직까지도 고마운 마음이다.

희한하게도 나는 장례식장보다 호텔에서 더 많이 울었고, 조용히 울고 나면 신기하리만치 마음이 편안해졌다. 그 때문일지, 먼 길을 오로지 나 하나 때문에 와준 몇몇 친구들에게 나는 남편 고향의 상징인 큰 광장에서 커피를 대접해 보낼 마음의 여유가 있었다. 애도의 기간 동안 나는 친구들과는 다른 세계에 속한 사람이었지만, 실은 나 역시 현실에 발 딛고 있는 사람이라는 걸 친구들과의 짧은 만남으로도 느낄 수 있을 만큼 내 마음은 차분하고 정갈했다.

남편은 로또를 샀다. 가족의 죽음과 로또, 어쩌면 불경

해 보일 수 있는 이 조합이 나는, 가장 근거리에서 남편을 지켜봐온 사람으로 감히 '할 만큼 한 자'의 이별 방법일 수 있다고 생각하게 됐다. 부모는 생을 마감할 때 자신에게 가장 잘했던 자식의 꿈에 찾아간다고 하던데, 우리 어머님은 돌아가시기 1시간 전 남편의 꿈에 찾아와 밑도 끝도 없이 몇몇 번호를 불러주셨다고 한다. 그 얘길 듣고 내가 조금도 놀라지 않았던 건 정말 그럴 만해서였다.

고등학교 시절까지 학원 한번 다니지 않고 일류대에 입학한 아들, 첫 직장을 잡자마자 마이너스 통장으로 어머님 전셋집을 마련해드리고 총각 시절부터 어머님에게 매달 생활비를 드린 유일한 자식, 그게 남편이었다. 어머님 인생에 굳이 안 왔으면 좋았을 덤처럼 느닷없이 찾아왔지만, 그게 긁지 않은 복권 같은 존재였음을 증명한 게 그였다.

조금 더 크거나 조금 더 좋은 집으로 이사를 갈 때마다 손사래 치며 마다하는 어머님을 억지로라도 모시고 와서 성공한 아들을 둔 부모 역할에 흠뻑 취할 수 있게 해준 이도 남편이었다. 마지막으로 서울의 큰 병원에서 수술을 받게 해드리고 곁을 지킨 것도. 물론 로또 번호는 하나도 들어맞질 않았지만 우리는, 아니 남편은 어쨌든 '할 만큼 한' 효자였다.

어머님이 비로소 저 너머의 세상으로 가셨다는 것이, 정말로 우리 곁에서 떠났다는 사실이 믿기지 않아서, 서류 한 장으로 어머니의 죽음이 비로소 완성될 때까지 우리는 때론 슬픔에 잠기고 엄숙했으며 때로는 웃고 농담을 하기도 했다. 무너질 듯 슬프지도, 날아갈 듯 가볍지도 않았고 그저 하루하루 충실히 따랐을 뿐이었다. 더할 것도 뺄 것도 없는, 흘러가는 그대로의 이별이었다.

어머님을 그곳에 남겨둔 채 서울로 올라와서 지금까지, 어머님과 남편의 도시가 나에게 따뜻하고 노곤한 곳으로 남은 것도 그 때문일까. 나는 15년간 넉넉하게 잡아도 어머님과 채 서른 번도 만나질 못했다.

우리는 서로 먼 거리에 살기도 했고, 어머님의 성정이 워낙에 마이웨이 하는 분이셨다. 좀처럼 속내는 드러내지 않으셨고, 자식들에게 피해 주고 싶지 않다며 봉양을 원하지도 않아 평생 외로웠을 분이다. 지금도 불현듯 어머님과 남편의 고향이 원래 내 것이었던 것처럼 보고 싶고 그리워서, 때로는 당황스럽고 또 때로는 황당한 마음이 되기도 한다.

그런데 장례를 마치고 올라오는 길에 남편은 예상밖의 이야기를 했다.

"나 이제 더 이상 고향에 안 가도 돼!"

그곳에서 태어나고 자란, 유년의 한 시절이 고스란히 남아 있는 고향의 어떤 것들이 그의 발목을 이리도 옭아매고 있었던 걸까. 효자 노릇을 묵묵히 하는 동안 그의 마음에는 어떠한 생각들이 자라나고 있었을까. 애증이라는 말로 갈음할 수 있을까. 지긋지긋한 동네라는 간단한 말로 설명할 수 있는 감정일까.

그와는 다른 테두리 안에서 나고 자란 나로서는 알 길이 없다. 엄마와 아빠란 태어났을 때부터 물처럼 공기처럼 내 옆에 있는 것이어서 부모를 아직 여의어본 적 없는 내가 감히 짐작할 수 없는 마음일 것이다. 공기를 빼앗긴 느낌일까, 물이 사라진 느낌일까.

더 이상 고향에 가지 않아도 된다는 그의 후련한 말 끝에 쓸쓸함이 묻어 있음을 나는 짐작한다. 설령 그 마음이 내가 죽을 때까지 이해할 수 없는 것이래도 나는 그가 한 이별을 받아들이기로 했다. 그에게는 그것이, 어머님을 보내드리고 온전한 어른으로 홀로 서는 이별의 방식일 것임을 알기 때문이다.

만약 우리 엄마 아빠가 돌아가시고 나면 나는 고아가 된 느낌이 들 것 같다. 상상만으로도 세상에 홀로 남겨진 듯한 외로움이 사무친다. 이제는 내가 비빌 언덕이 되어주겠다고, 그가 기댈 수 있는 단 한 사람이 되어보겠다고, 그가 세상과 맞서다가 아이처럼 무서워질 때가 오면 옆에서 힘껏 그를 안아주겠다고, 어머님 가시는 마지막 길에 나 혼자 약속했다.

우리는 이렇게 어머님과 헤어졌다. 자주 뵙질 못해서인지, 원체 서로 멀리 떨어져 살아서였는지, 나는 아직도 어머님이 안 계시다는 것을 뚜렷하게 실감할 수가 없다. 그래서 우리는 여전히 헤어지는 중이지만 자각할 수 없는 그 마음 역시 흐르는 대로 내버려두려 한다.

못생겨질 것이 뻔한 환경에서
그를 구한 것은

얼마 전, 첫째에게 의외의 이야기를 들었다. 주말에 친구들과 홍대에 놀러갔다가 캐스팅이 되었단다. 길거리 캐스팅 매니저라는 사람에게 자기 이름과 엄마의 휴대폰 번호를 주고 왔으니 며칠 내로 연락이 올 거라고 했다. 하고 싶다거나 아니라거나 하는 판단의 공을 나에게 넘긴 딸은 고단수인가, 라는 생각이 든 건 며칠 뒤에 진짜로 캐스팅 매니저라는 사람에게 연락이 왔기 때문이다.

첫째의 얘기만 들었을 때 나는 아이들을 상대로 분명 사기를 치는 사람일 텐데 나만 휘둘리지 않으면 될 일이라 생각했고, 아무리 잘 쳐줘도 장난 그 이상은 아니라고 여겨 대충 흘려들었다. 그런데 진짜로 몇 차례 전화가 왔고, 모르는 번호라서 받지 않았더니 얼마 뒤 문자 메시지가 왔다. 회사 이름과 간단한 소개, 명함을 첨부하며 카메라 테스트를 볼 의향이 있는지 묻는 거였다.

첫째는 남편을 지독하게도 닮았다. 얼굴을 주차장이라고 본다면 통통하고 동그란 면적의 주차장과 유난히 빨갛고 작은 입술을 비롯한, 오종종하게 주차된 차들은 남편에게서 따왔고, 큰 눈만 내 것을 닮았다. 그 눈마저도 동그란 주차장에서는 생김새가 좀 다르게 표현되었으니 실로 누가 서로 닮았다고 할 때는 각각의 이목구비보다 기본적인 뼈대나 구조가 비슷해야 한다는 사실이 이 부녀지간을 보면 느껴진다. 다행히 우리가 연애 시절 콩깍지가 씌었을 때 안간힘을 쓰며 찾아낸 상대의 예쁜 점만을 골라 첫째의 얼굴은 구성되었다.

남편과 나는 미남 미녀도 아니고 그저 다행스럽게 유전적으로 조금씩은 우위에 있는 신체 조건을 한두 개쯤 물려받아 그저 그런대로 생긴 사람들이다. 자신이 갖지 못한 것을 상대방의 얼굴에서 찾고 거기에 반했다고 믿는 건, 연애와 사랑에는 2세에 대한 기대와 바람이 본능적으로 포함되기 때문이라는 걸, 태어난 첫째의 얼굴을 보고 알았다.

임신 기간 내내 이랬으면 좋겠다, 저랬으면 좋겠다며 두서없이 떠들던 우리의 소원을 종합적으로 반영해서 그녀는 예쁘게 태어났다. 미모가 출중하다기보다 어쨌든 우리 부부에게서 나올 수 있는 최상의 조합인 건 맞았다.

남편은 우려했다. 어릴 때 예뻤어도 못생겨질 것이 뻔한 환경에 장시간 노출되면 그 아이는 순리적으로 못생겨진다는 것이 이유였는데, 자신이 바로 그 케이스라는 것이다. 살찐 몸과 그 살들이 가장 많이 몰려 있는 얼굴, 그래서 본래는 딱히 작지 않은데 볼살이 진격함에 따라 점차 작아진 눈, 삐뚜름한 치열, 처진 어깨와 굽은 목은 그가 그런 환경에 장시간 놓이며 얻은 것들이라는 게 그의 설명이었다. 늘 생업으로 바쁜 어머님의 살뜰한 돌봄 없이 스스로 많은 걸 해결하며 자란 그였다.

첫째를 보니 곧은 척추와 당당한 어깨, 날씬한 체형, 고른 치아가 미모에 상당 부분 일조한다는 걸 알 수 있었다. 그래서인지 그녀는 남편과 똑 닮긴 했지만 많은 부분

업그레이드 되어 있어 언뜻 보면 닮았다고 하기에 애매한 부분마저 있었다.

못생겨지는 것이 확실시되는 환경인 걸 알면서도 어릴 때는 그걸 벗어날 생각을 못했다고 그는 말했다. 궤변을 철학처럼 늘어놓는 것도 재주구나 생각했지만 첫째를 보니 그 말은 일견 타당했다.

성인이 되고 자기 생활을 꾸리게 된 그는 콤플렉스라고 부를 만한 것들을 극복하면서 살아왔다. 그에게 거저 주어진 것은 없었다. 거기에는 비단 외모뿐만이 아니라 수줍음과 낯가림, 가난과 체면 같은 것들도 고루 포함되었다.

그는 타인과의 비교가 아니라 오로지 자신의 동기와 목적에 의해 노력을 거듭했다. 그게 내가 그에게서 배워야 할 점 내지는 존경하는 점들 중 가장 큰 비중을 차지한다고 봐도 무방하다. 누군가를 질투하거나 미워하는 데 에너지를 쓰지 않고, 그렇다고 주눅 들지도 않으며 묵묵히 자신의 길을 걸었다. 그를 움직이게 하는 요인은 남이 아니라 자기 자신이었다.

마흔 중반의 그는 살이 다시 조금 쪘지만 타고난 흑발의 풍성한 머리숱과 큰 키를 가졌다. 낯을 가리고 수줍은 태도는 예의 바르고 신중한 성격으로 진화했다. 노력으로 일군 많은 것들은 그의 풍채 아래에서 적절히 조화를 이루며 솔직하고 성실해 신뢰를 주는 사람으로 보이게 했다. 그는 적어도 내가 아는 한, 극복하고 나아지는 사람이었다.

얼마 전, 기업인들의 컨퍼런스에 참석했던 남편이 집에 돌아와 이런 말을 했다.

"확실히 좋은 환경에서 자란 애들의 아우라는 이길 수가 없어."

바로 그것이 딸에게 주고 싶은 부분이었음을 느끼고 적잖이 놀랐다. 강남에 살면서 크고 작은 미인대회 출신의 사람들을 여럿 보고 느낀 바가 있는 내 마음을 들킨 것 같아서였다. 실은 나도 그런 생각을 하던 참이었다.

누구의 도움 없이 자력으로 스펙을 차근차근 쌓아 올린 그와, 외모로 이득 본 적은 없어도 딱히 손해도 보지 않았다고 믿은 내가 돌고 돌아 가장 원초적인 외모에 콤

플렉스를 느끼다니. 결국엔 그런 것인가. 튜닝의 끝은 순정이라는데, 스펙의 끝도 결국 피지컬인가.

길다면 긴 세월을 같이 나이 들어가는 동안 남편과 나는 이제 콩깍지는 애저녁에 벗어 던진 사이이기 때문에 서로의 외모에 대해 남들보다 더 엄격한 잣대로 평가한다. 결혼생활을 지속한다는 건, 그런 날카로운 지적에도 아랑곳하지 않을 만큼 오래 보아야 예쁜 서로의 매력을 알고 있다는 의미이기도 하다.

"당신 얼굴에서 뭐, 눈 하나 봐줄 만하지."

"곰같이 순하고 착해 보이는 인상이 그나마 당신을 살렸네."

남편은 오래 보아야만 예쁜 우리 사이에서 태어난 딸에게 못생겨질 것이 뻔한 환경을 물려주지 않기 위해 부단히 애를 쓴다. 그건 다시 말해, 밝고 예뻐질 것이 분명한 환경을 그녀에게 주고 싶다는 뜻이다.

해맑고 구김살 없는, 자신감 넘치는 성격은 여유롭고 따뜻한 가정 환경에서 비롯될 것이다. 적절한 운동과 활동, 건강한 식단은 몸과 마음을 생기 넘치고 균형 있게 성장시켜줄 것이다. 물론 결국 '좋은 환경에서 자란 아우라가 있는' 사람이 되는 것은 자신을 더 발전시키려는 스스로의 부단한 노력이 뒷받침되었을 때 완성된다는 사실도 분명하다.

"아이를 예쁘게 봐주신 것은 감사합니다. 그러나 생각해본 적이 없는 분야라서 사양합니다."

나는 고민 없이 답을 보냈다. 비전문가의 입장에서 볼 때 그런 업을 꿈꿀 정도로 외모가 출중하지 않아서이기도 하지만, 아직 많은 것을 익히고 배워야 할 나이에 외모에 크게 기대야 하는 일을 일찍부터 경험하게 하는 것이 썩 내키지 않아서였다. 첫째는 조금 아쉬워하면서도 다행히 큰 불만은 없어 보였고 캐스팅 일화는 그렇게 일단락되었다.

나는 말한다.

"엄마와 아빠는 최선을 다해(?) 너를 예쁘게 낳아주었으니 이제는 네 차례야."

외모 그 이상의 진짜 매력과 아우라는 이제 스스로 빚어내야 하는 거란다.

매일 면접에서
떨어진다는 마음으로

 자식농사란 마치 면접과도 같아서 결과론적이다. 합격한 회사의 면접이 가장 잘 본 면접인가. 그렇지 않다.
 나의 무던하고 성실한 성격이 돋보인 적도 있을 것이고, 활발하고 적극적인 인성이 어필하기도 했을 것이다. 순발력이나 재치 같은 역량이 높은 점수를 사기도 했을 것이다. 몇 차례 면접을 준비하고 떨어지다 보면 나도 몰랐던 나에 대해 알게 되기도 해서, 불합격 후에 마음을 다잡고 다음을 준비하는 발판이 되기도 한다. 그런 과정 자체가 성장이자 배움이다.
 그러나 결국, 합격한 면접이 가장 잘 본 면접으로 기록된다. 떨어진 회사에서는 나를 왜 떨어뜨렸는지 알려주지 않는다. 주변에서는 최종 합격하고 나서야 나한테 비법이란 걸 알려달라고 한다. 그러나 비법이라는 게 있을 리 없고, 가장 잘 본 면접이 꼭 합격한 면접은 아니라는 사실을 나는 알고 있다.

자식농사도 그런 게 아닐까. 자식이 좋은 대학에 갔다면, 남들이 부러워할 만한 직장에 취업을 했다면, 잘나가는 배우자를 만나서 결혼했다면 자식농사에 성공한 것인가. 그렇다면 부모의 역할은 입시 컨설턴트나 헤드헌터, 커플매니저와 무엇이 다를 것인가.

사춘기가 한창인 여자아이를 키우는 일을 매일 해내고 있자면, 날고 기어도 결국에는 나를 떨어뜨리고 말 회사의 면접을, 있는 힘을 다해 준비하고 있다는 생각이 든다. 어지간한 인내심과 내공을 가진 사람도 쉽지 않을 것이다.

자신의 마음이 '왜 그런지' 모르는 인간을 다루는 것 자체가 실은 말이 안 된다. 나르시시스트나 소시오패스처럼 일반의 상식으로는 이해하기 어려운 인물들도 보통은 자신의 행동이나 생각에 동기가 있기 마련인데, 그런 것 없이 머릿속에 질풍과 노도를 품은 채 헝클어져 있는 인간을 애초부터 이성으로 대하겠다는 것 자체가 어불성설이다. 영화 〈아저씨〉에서 원빈이 읊조리는 대사처럼 '오늘만 사는' 사춘기 인간을 내일을 준비하는 어른이 어떻게 이겨.

요즘에는 맘카페나 유튜브에서 사춘기 자녀에 대한 글을 많이 찾아보고 읽는다. 정보를 얻기 위해서라기보다는 공감과 위로가 필요한 순간, 가장 손 닿기 쉬운 곳에 있는 친구 같아서다. 자녀를 키우는 집이라면 모두 한 번씩은 들이닥치고, 각양각색의 케이스가 존재하며, 해결책 역시 저마다 다르고, 지나고 나면 언제 그랬냐는 듯 평정이 찾아온다는 점에서 사춘기 자녀는 대다수 부모들이 공감할 수밖에 없는 공통의 주제다.

자식 욕하는 건 내 얼굴에 침 뱉기보다 더 창피한 일인지라 나도 남들에겐 얘기 못 하고 비슷한 처지인 동지들을 찾아 인터넷을 서성거린다. 거기서 눈에 띈 것은, 밖으로 내지르는 소위 '지랄 떠는 사춘기'가 차라리 낫고 그때가 지나면 정말 무서운 사춘기, 이른바 '안으로 파고드는 시기'가 찾아온다는 얘기였다.

그게 딱 지금의 우리 첫째 같았다. 갑작스레 느끼는 여러 감정들을 본인도 어떻게 해석할 줄 몰라서 당황하다가 혼란스러워하고, 침잠하고, 울고, 그렇게 견뎌내면서 어른의 감정 세계를 만들어가는 과정이라고 보면 될까.

중학생이 되더니 아이는 혼자 견고한 집이라도 짓듯 방에 한번 들어가면 몇 시간이고 나오지 않았다. 원래 말이 많은 편도 아녔는데 말수가 더 줄었다. 휴대폰과 패드에 비밀번호를 걸어둔 지는 이미 꽤 된다.

어떤 날에는 쭈뼛쭈뼛 다가와 무언가를 말해줄 듯하다가 말더니, 또 어떤 날은 뭘 어찌 해야 할지 모르겠다면서 그 '뭘'이 무엇인지, 그 '어찌'가 어떻게인지 아무런 말도 안 해주고 대성통곡을 하기도 했다. 어떤 때는 살고 죽는다는 게 뭔지 아무런 감정 없이 물어보기도 해서 내 심장을 내려앉게 하고, 그러다가 어떤 때는 너무 천진스러운 아기 같아서 어제까지 삶과 죽음을 궁금해하던 그 아이가 맞는지 당혹스럽게 했다. 그 당혹감이 가라앉기도 전에 내가 무슨 말인가 건네려 하면 엄마가 대체 뭔데 나한테 이런 식으로 얘기를 하냐면서 쏘아붙이기도 했다.

방 안에서 고치를 짓던 아이가 입학하고 얼마 지나지 않아 미술을 본격적으로 해보고 싶다고 선언해왔다. 중학교 1학년짜리의 얘기가 뭐 얼마나 위협적이었길래 '선언'인가 하면, 첫째는 다른 집 아이들보다 사춘기가 빨리 왔고 이미 '안으로 파고드는 시기'를 겪는 중이었지만 그래도 시키면 시키는 대로 안 시키면 안 시키는 대로 영혼이 없어서 문제지, 하긴 하는 아이였다.

도무지 무슨 생각인 건지, 언제까지 저럴 건지, 울면 왜 우는지, 또 갑자기 울음을 왜 그치는지 모르고 나만 속이 타 들어가고 있으니 미술을 하겠다는 그 말은 정말 통보 내지는 선언에 가까웠다. 아이가 그 얘기를 하게 되면서 나는 남편과 다퉜다.

부부 사이에 싸울 일이야 헤아리지 못할 정도지만 자식 문제는 좀 결이 다른 게, 서로에게 가장 중요하고 소중한 존재의 직접적인 이해당사자들이기 때문이다. 남편과 나는 목표는 같았지만 방법론이 달랐다. 그건 각자의 세계관에 맞닿아 있는 것들이라 쉽게 좁혀질 수 없는 것이었다. 정반대의 성향을 가진 남편과 나는 그러니까 자식 교육에서는 가장 강력한 적수였다.

차라리 남의 집 자식이라면 미래에 대해 벌써 생각하다니 대견하다든가, 좋아하고 잘하는 일이 있으니 얼마나 잘된 거냐며 꿈에 대한 도전욕을 한껏 고취시켜줄 수 있었다. 그게 내 정직한 생각이기도 했다. 그러나 내 자식 문제가 되니 그런 말이 쉽게 나오지 않았다.

아이가 나에게 본인의 의견을 피력하면서 확고한 의지를 전했을 때 나는 당황해서 남편에게 곧바로 얘기했다. 보통 나는 남편에게 의견을 구하기 전에 혼자 생각을 정리하는 편이다. 그는 내가 공감을 바랄 때 공감해준 적이 거의 없을 정도로 본인식 위로를 구사하는 인물이기 때문에. 그런 일이 반복되다 보니 나는 진짜로 해결책이 필요하고 답을 모르겠다 싶을 경우에만 남편에게 조언을 청했다.

그런데 이건 아이의 미래에 관한 긴급하고 중대한 문제 아닌가. 아이가 불확실한 것을 향해 걷겠다면 남편은 내 편을 들며 말리고 설득할 사람이란 걸 나는 잘 알고 있었다. 끝끝내 설득해서 본인의 의견을 관철시키는 것이 내가 질려 하는 남편의 특장기였다.

그러나 그는 내 기대를 보란 듯이 저버리며 선뜻 아이 편에 섰다. 그림에 관해서라면 엄마 아빠가 도와줄 것이 없어서 미안하지만 그러니까 네가 스스로 길을 개척한다는 마음으로 더 열심히 해보라는 것이 요지였다.

첫째를 향한 남편의 전폭적인 지지는 예상 밖이었다. 그가 가장 싫어하는 것은 위험부담, 리스크, 경우의 수같이 불확실한 것들이었다. 그런데 그는 한번 해보라며 가장 불확실하고 가장 위험한 쪽을 권하고 있었다. 그러니까 그건 내가 볼 때 모험이었다.

나는 사람끼리 경쟁하는 것도 힘든 우리나라에서 AI까지 가세한 미술판에 굳이 들어가서 더 힘들게 살아야 되겠냐고 했다. 어차피 아이는 무슨 말인지도 모를 테니 남편 들으라고 하는 소리였다. 그러나 남편은 마음을 바꿀 생각이 전혀 없어 보였다.

그는 그 나이대에 할 수 있는 고민을 그 나이대에 하면서 클 수 있게 해주고 싶다고 했다. 돈 문제, 현실적인 문제 때문에 꿈이 위축되지 않게 해주는 것. 자신이 지금껏 열심히 살아온 이유가 아이의 의견을 지지해주기 위해서인 것처럼 그는 내 모든 의견을 무력화시켰다.

부녀 둘이서 만드는 성장 드라마에, 앞뒤 꽉꽉 막힌 답답한 꼰대 역할을 맡은 사람이 나라는 느낌을 지울 수 없었고 결과는 예견된 대로였다. 아이는 부모를 설득하고 미래를 개척하는 의기양양한 사춘기 소녀가 되어 미술을 시작했다. 물론 남편은 말이 통하는 깨인 부모가 되어 좋은 소리를 듣고 생색만 내고, 그 외 학원 선택과 라이드, 시간표, 간식, 숙제 같은 건 전부 내 몫이 되었다.

그간 남편과 여러 가지 문제로 의견이 다르면 다투고 화해하기를 반복했지만, 첫째의 사춘기는 우리에게 또 다른 국면을 선사했다. 첫째가 아기였을 때, 몸이 힘들어서 서로에게 육아를 떠넘기며 싸우던 우리는 '부모'라기보다는 '보모'의 위치에서 제 몸 사리기에 바빴다. 이제 우리는 정말 부모가 되어 사춘기 아이의 인생을 책임져야 할 무거운 결정을 앞에 두고 전면전을 하게 될 것이다.

중학교에 입학하고부터 몸도 마음도 급작스럽게 자

라난 아이는 매일 우리에게 고민거리와 걱정거리를 안겨준다. 크고 작은 이런 일들은 대체로 나에게 '화가 난다'기보다는 '속이 썩는다'는 기분이 들게 한다. 그건 아이가 말을 안 듣고 까불다가 안전사고가 났을 때나 물건을 고장 낸다든지 할 때 드는 관리감독자나 보호자의 마음이 아니다.

내 말을 잘 들어주고 거역할 줄 모르던 애인이 어느 날 갑자기 이유도 말해주지 않고 나를 차버렸을 때의 배신감을 상상해보니 비슷한 느낌일 것 같다. 첫째는 이제 나에게 아이가 어른을 화나게 하는 방식이 아니라, 인간 대 인간으로 느낄 수 있는 배신과 분노를 느끼게 한다.

그걸 가만히 생각해보니 아이가 내게서 멀어지는 건, 점점 나에게서 떨어져나와 앞으로 뚜벅뚜벅 걸어가며 제 갈 길을 가는 거였고, 나는 걸어가는 아이를 억지로 내 품에 있게끔 붙잡으려다가 그게 안 되니 상처를 받고 있는 거였다. 화를 내고, 소리를 지르고, 말 좀 들으라고 외치고 있었지만 실은 상처받은 자리가 쓰라린 거였다.

누구보다 독립적이고 똑 부러진 아이로 컸으면 하고

바랐으면서, 내 처분대로 내 생각대로만 따라오면 성공적인 삶을 살 수 있다고 가르치는 아이러니. 내 바람대로 따라와주지 않는 첫째에게 상처받고 있는 나에겐 이것이 아이가 자라는 과정이라고 나 자신을 설득할 시간이 필요하다. 품 안의 자식이던 첫째가 어른으로 자라나는 길에는, 때론 부모에게 상처를 주면서 앞으로 나아가는 시기도 필요한 거라고 내 마음을 다독여야 하는 것이다.

내가 앞장설 테니 엄마는 뒷장서라는 첫째의 말처럼 이제 뒤에서 아이를 바라봐주어야 할 때가 온 것 같다. 병풍이나 안테나처럼, 결코 앞에 나서진 않지만 없어서도 안 될 그 정도의 존재감으로 우리는 한발짝 뒤에서 아이를 둘러싸고 있다. 그건, 부모의 삶이다. 겸손으로 나를 가다듬어야 하고, 이만 하면 됐다 싶어도 더 고개 숙여야 하는 것.

아이가 태어나서 성인이 될 때까지 부모의 많은 노력과 과정들은 잊혀져간다. 자식들은 스스로 큰 줄 알고, 세상은 결과만을 보고 농사의 풍흉을 말한다. 부모들은 그 뒤에서 많은 눈물과 그보다 더 많은 웃음을 지으며, 고민과 걱정, 선택과 번복을 반복한다. 그리고 다툼도.

남편과 나는 매순간 선택하고 그 선택을 내리기까지 수많은 경우의 수를 계산하고 위험부담을 안으며 리스크를 질 것이다. 나도 남편도 잘 모르기 때문이다. 그리고 자식은 우리에게 가장 소중하기 때문이다. 우리의 의견은 계속해서 다를 것이고, 다툴 것이고, 결정의 순간은 계속해서 들이닥칠 것이다.

그러면서 남편도 나도 부모로서 내려놓고 포기하거나 참고 버티는 방법을, 설득하고 포용하는 방식을 계속해서 배워갈 것이다. 오늘 내가 고심해서 내리는 결정과 참고 있는 눈물은 나중에 어떤 평가받을 것인가. 그 평가에 나는 담대할 수 있을 것인가.

대답은 한참 망설이겠지만 나는 안다. 합격한 면접이 가장 좋은 면접이 아니었다는 걸. 키워본 많은 사람들이 알고 있다.

그래도 내 인생 최대 업적은

요즘같이 아기가 귀한 때에 둘째는 대부분 부모들의 필요에 의해 선택된다. 첫째가 외로울까 봐, 나중에 커서 부모의 죽음을 혼자 겪게 될까 봐. 아니면 반대로, 해주고 싶은 것들을 충분히 누리게 해주지 못할까 봐, 내 커리어에 지장이 있을까 봐 같은 여러 이유로 둘째들은 계획하에 잉태되고 낳아진다.

주변을 보니 특히 2세 문제만큼은 확고한 사람들이 있었다. 그들은 딩크면 딩크, 외동이면 외동, 확실하고 명확하게 계획했다. 그들에게는 확신만 있을 뿐, 고민 따위는 없어 보였다. 그 점이 나와 달랐다.

첫째를 계획 없이 낳고 기르게 되면서부터 나는 되는

대로 사는 내 성격을 배신하듯 고민을 거듭하게 됐다. 둘째를 선뜻 가지자니 험난한 여정이었던 육아 지옥이 다시금 떠올랐고, 안 낳자니 외로울 첫째가 마음에 걸렸다. 근데 또, 이미 여섯 살이 넘어간 첫째와의 터울이 생각나고, 그렇다고 완전히 포기하자니 직무를 유기하는 엄마처럼 죄책감이 따라왔다. 가질까 고민하면 여지없이 노산이라는 내 나이가 무서웠고, 그렇다고 주저앉자니 이대로 내게 영영 아이는 손주밖에 없을까 봐 무서웠다.

그만큼 출산과 육아란 본연의 성격도 거스를 만큼 한 사람의 전 생애에 걸친 큰 계획과 결정인 것이다. 그러나 나의 이러한 고민과 시름이 무색하게도 둘째는 얼떨결에 찾아와 임신 4주 만에 당당히 자신의 존재를 알려왔다.

둘째의 태명은 '다낭이'였다. 맞다, 그 다낭. 베트남의 다낭. 공무원 시험에 합격하고 세상에서 가장 행복한 신분이라는 합격자의 지위로 홀가분하게 떠난 여행. 다낭이는 거기서 생겼다.

아무런 계획도 준비도 예고도 없이 바람처럼 구름처럼 비처럼 하늘에서 떨어진 우리 다낭이를 처음부터 반긴 사람은 아무도 없었다. 여행에서 돌아온 뒤 아무래도 몸이 찌뿌둥하니 무겁고 자꾸만 처지는 게 이상하다 싶었다. 이내 그것이 첫째 임신 때와 비슷하다는 데 생각이 미친 나는 아차 싶었고, 테스트기로 진단한 결과 선명한 두 줄을 보고 "망했다"고 육성으로 내질렀다. 첫 출근을 2주 앞둔 때였다.

둘째가 언젠가 이 글을 보게 된다면 섭섭해할 수도 있지만, 솔직히 말해서 나의 커리어는 둘째의 임신 소식과 함께 첫발도 떼기 전에 스텝이 엉켜버렸다. 공무원 시험 합격을 통한 재취업은 어려운 도전 끝에 삼십 대 후반에 가까스로 얻은 기회였고, 내 인생의 2막이 마침내 열리려던 참이었다. 열지도 못한 문은, 끝내 열고 나갔다가 맥없이 닫고 돌아온 것보다 더 초라했다. 마치 나는 쓰인 적도 없이 존재하는 물건 같았다.

애초에 딱히 자녀 욕심이 없던 남편의 어깨는 더 무거워졌다. 요즘처럼 자녀에게 있는 것, 없는 것 다 해주려는 시대에 자녀 한 명을 양육하는 것과 두 명을 양육하는 것은 완전히 다른 이야기 아닌가. 있으면 있는 대로, 없으면 없는 대로 '하면 된다'가 아니라 '되면 한다'는 식으로 살아온 나에게도 둘째의 출현을 인정하고 받아들이는 데 꽤 시간이 걸렸다. 그렇게 우리는 둘째를 엉겁결에 맞이했고, 그녀는 바람이 따뜻하던 어느 봄 우리의 가족이 되었다.

소중함이란 함께 지내온 시간에 비례하는 것이 아니었다. 우리가 첫째의 임신 사실을 알았을 때처럼 반사적인 환호성을 지르지 않고, 기쁨의 축제를 벌이기 전에 먼저 재고 따졌다는 사실을 지적하듯 둘째는 단번에 첫째와 같은 반열에 오르면서 내 마음의 무게 추를 정확히 반으로 갈랐다.

남편은 나보다 더했다. 대체 언제 아이를 두고 불경스럽게 돈과 경제적 잣대를 갖다댔나 싶게 둘째에 눈먼 바보가 되었다. 그는 여전히 서툰 아빠였지만 마음만큼은 태산도 옮겨줄 듯 둘째를 예뻐했다. 둘째는 우리 품에 안기자마자 존재하는 자체만으로 우리의 면면을 바꿔가고 있었다.

그는 첫째만 키우던 시절엔 용납 안 되던 돌발 상황에

한층 능숙하게 대처하게 되었다. 파워 J인 남편이 가장 경계하는 게 바로 그것이었다. 계획이 틀어지거나 변수가 생기는 것을 늘 우려해 보수적으로 계산하고, 내 기준에서 보면 쓸데없이 많은 준비를 하는 사람이었다. 그러나 아이 둘을 데리고 무언가를 함께하고 어딘가로 떠난다는 건, 그 길에 변수밖에 없다는 뜻이었다.

첫째를 키울 때만 해도 최대한 이벤트가 안 일어나도록 안간힘을 썼던 그는 둘째가 생기자 둘째를 더 힘껏 안아주기 위해 많은 걸 내려놓기로 한다. 공항 가는 택시에서 아이가 토를 좀 하면 어때, 기사님에게 울 듯이 사과드리고 뒤처리하면 되지. 기차역에 도착했는데 기저귀랑 분유통 든 가방 좀 빼먹었으면 어때, 집에 가서 찾아오고 다음 차 타면 되지. 수십만 원짜리 접시랑 밥그릇 깨먹은 게 뭐가 대수야, 아이가 안 다쳤는데. 하하.

그는 철저한 계획하에 허술한 인간이 되고자 했다. 많은 일들이 아등바등 애쓴다고만 되는 게 아니고, 때론 내려놓을 때 순리대로 완성되는 일도 있다는 걸 깨달아가는 중이다. 노력하는 게 용기이듯 포기하는 것 역시 용기라는 것도.

둘째는 덧없는 나의 늙음과 정처 없이 가속페달을 밟는 노화에 영원한 면죄부가 되어준다. 정수리가 휑해진 것도, 얼굴이 점점 길어지고 입술이 얇아져서 못생김을 매일 갱신하는 것도, 몸통이 두둑해지고 몸 곳곳에 후덕하게 살이 붙는 것도, 정신머리가 없어서 까먹고 빼먹고 틀리는 것도 전부 둘째 출산 때문으로 갈음할 수 있다.

뭐 그렇다고 누가 알아주는 것도 아니고 그 사실들이 달라지는 것도 아니지만, 그게 내 잘못이 아니라는 위안을 얻고 정신승리를 하는 최소한의 방패랄까. 확연히 첫째를 낳고 나서와 둘째를 낳고 난 후는 외형적으로나 내면적으로나 다르다는 걸 느낀다. 남편은 인정하지 않지만, 나이가 더 들어서 그렇다기엔 둘째를 낳은 몇 년 새 가속도가 붙었다 싶을 정도로 몸도 쇠약해지고 정신도 나약해졌다.

그렇지만 몇 년의 젊음을 너에게 되돌려줄 테니 둘째가 없던 시절로 돌아가겠느냐고 선택권을 준다면 내 대답은 분명 '아니오'일 것이라고 주변인들은 알고 있다. 왜

냐하면 내가 "둘째 안 낳았으면 무슨 재미로 살았을까 싶다"고 번번이 자랑하고 다니기 때문이다.

누구나 인생에서 청춘이란 어린아이에게 줬다 뺏는 사탕 같은 것이지만, 살아가다 보면 청춘을 주고서라도 가지고 싶은 기쁨과 행복이 있고 그게 자식이기도 하다는 걸 느낄 때가 오는데, 첫째보다 둘째를 낳으면서 그 기쁨이 더 선연히 와닿게 되었다. 아마도 그건 둘을 키우면서 몸은 더 힘들어져도 육아에 한 번 노출되었던 몸과 머리가 관성으로 육아를 하게 되고, 힘듦보다는 예쁨이 더 커서일 것이다.

그리고 우리는 마음속에 갖고 있던 계획표니 기회비용이니 커리어니 하는, 그전까지 인생의 목표로 삼았던 것들이 어떤 상황 앞에서는 일시에 소용없어질 수도 있음을 깨달았다. 그런 것들이 정말 쓸데가 없는 것일까마는, 둘째가 우리에게 왔던 그 시점부터 남편도 나도 우리가 기꺼이 내려놓은 것들에 대해 단 한 번도 따져 묻거나 후회하거나 탄식한 적이 없다.

아무런 조건과 가정이 필요 없는 것, 어떠한 보상과 대가도 생각나지 않는 것, 결코 예전으로 돌아가지 못하나 돌이킬 생각조차 일지 않는 그런 경이로운 마음. 그런 마음가짐이 이제 막 가능해진 사람이란 오로지 부모라는 사실을 둘째가 알려줬다.

"내가 태어나서 가장 잘한 일은 아이를 낳은 일"이라고 하는 누군가의 말을 듣고 속으로 고개를 저은 적이 있다. 고작 아이 낳은 게 인생에서 가장 잘한 일이라니. 그런 지리멸렬한 삶이라니. 그땐 그랬었다. 그렇게 세차게 도리질을 치고도 어쩌다 보니 하나를 더 낳아 둘을 기르는 엄마가 된 나는, 누가 묻는다면 답할 것이다.

"네 인생에서 제일 잘한 일이 뭐야?"

"아이 둘을 낳은 일!"

하나만 낳고 기를 때는 모르던 세상을 둘째는 알려준다. 어쩌면 아이를 위하는 이타적인 부모 마음은, 사실 그 가운데 내가 행복하고자 하는 이기적인 부모의 욕심도 있단 걸 가르쳐주는 둘째는 오늘도 내 선생님이다.

동안이란 무엇인가

남편에게 노안(老眼)이라는 질환이 찾아왔다. 노안이라니. 마치 아주 어렸을 적 '미국'이란 나라에 대해 들었을 때나 고3 시절 '서울대'란 존재에 대해 갖는 느낌 같았다. 동시대에 존재하지만 나의 세계에선 전혀 마주칠 일 없을 것 같은 낯선 감각이랄까. 노안이 꼭 그랬다. 나와는 먼 얘기, 나에게는 오지 않을 일.

아이러니한 것은, 최근 노안 때문에 불편을 겪는 남편은 원래 2.0과 1.5에 이르는 시력의 소유자였다는 사실이다. 어디선가 들은 설에 따르면 시력 좋은 사람들에게 가까운 것이 안 보이는 노안이 더 빨리 온다는데, 그렇다 해도 그에게 눈 관련 문제가 생길 거란 생각은 안 해봤다.

어두운 데선 책은 물론이고 휴대폰도 안 보고, 책상에 앉을 때도 컴퓨터와 적정 거리를 유지하거나 블루스크린 같은 걸 꼭 설치하는 등 눈 건강에 예민했기 때문이다.

더군다나 그는 젊은 시절 끊임없이 따라다녔던 노안(老顔)이라는 오명을 점차 씻어가는 중이었다. 상대적으로 어려 보였던 친구들과 얼굴 나이에 대한 갭을 메워가는 중이었단 말이다. 이십 대부터 이미 삼십 대의 얼굴을 갖고 있던 그는 연애 초반에 이렇게 공언한 바 있다.

"뚱뚱한 사람들은 이십 대에 삼십 대처럼 보이는 대신, 사십 대에도 삼십 대처럼 보이더라구. 두고 봐. 사십 대가 되면 내가 더 젊어 보일걸."

엄밀히 따지면 내가 더 빠르게 늙고 있다고 해야 하는 게 아닌가 싶지만, 아닌 게 아니라 정말 곳곳에 적절하게 살이 들어찬 그의 얼굴은 지칠 줄 모르는 콜라겐의 생성 덕분인지, 눈가나 이마에 잔주름이 가기 시작한 나와는 다르게 여전히 팽팽하다. 그 위로는 윤기가 좌르르 흐르며 자신의 예언처럼 젊어지고 있었다.

남들보다 더딘 노안(老顔)으로 슬로우에이징 하던 그

에게 불현듯 찾아온 노안(老眼)은 일상에 그늘을 드리웠다. 휴대폰으로 종종 게임을 즐기던 그는 이제 그럴 수 없게 되었다. 게임 화면의 채도가 낮거나 게임 안내에 대한 글씨가 작으면 잘 보이지 않았고, 종이 위에 적힌 글씨도 한껏 멀리 떨어뜨리고 양미간에 주름을 잡아 눈을 가느다랗게 뜬 뒤에야 읽을 수 있었다.

그러고도 안 보이는 글씨는 휴대폰으로 사진을 찍어 확대해서 봐야 했고 나까지 동원되어야 하는 경우도 가끔 있었으니, 불편하다는 말에 다 담을 수 없는 괴로움이었다. 이제는 인정할 수밖에 없는 노화 앞에서, 젊어 보이는 외모와 신체 기능에 대한 과신을 접고 절로 겸손해질 수밖에 없었다.

나 역시 어린 시절의 엄마들을 요즘 부쩍 이해하기 시작했다. 그 옛날 엄마들이 왜 빠글빠글한 파마머리를 고수했는지, 그 빠글한 머리를 왜 또 스프레이로 딱딱하게 고정시키는지 알게 되었다. 왜 얼굴에 콜드크림을 번지르르하게 흡수도 되지 않을 만큼 두껍게 바르는지도 이해하게 되었다. 왜 다른 화장은 모두 생략해도 빨간 입술만은 포기하지 못하는지, 루비나 호박 같은 커다란 유색 보석을 걸치는지도 와닿았다.

그게 다 노화에 따른 외모 변화와 크고 작은 불편들 때문이었다. 씻고 나오면 얼굴부터 온몸이 다 건조해서, 뭐라도 듬뿍 바르지 않으면 곧 갈라질 듯 땅겨왔다. 지금이야 수분 크림에 영양 크림까지 종류도 다양하지만 그 시절에는 건성이든 지성이든 상관없이 콜드크림 하나로 해결했다.

얼굴에 생기와 발랄함이 사라지고 푸석함과 피곤함이 내려앉은 얼굴에 붉은빛 립스틱은 긴급 수혈 같은 거였다. 립스틱이 응급처지라면 커다란 유색 보석과 화려한 액세서리는 활력을 불어넣는 비타민 처방이었다.

그런 엄마 세대를 거쳐 우리는 이제 다양한 선택지의 성능 좋은 의학·미용 제품들 덕분에 이전 세대보다 적게는 다섯 살, 많게는 열 살도 젊어 보이는 얼굴을 갖게 되었다. 그래서일까. 동안은 모든 나이 들어가는 이들의 희망이자 위안이다.

동안이 큰 가치를 갖는 건, 누구나 한 번씩 가져봤지만 누구든 반드시 잃어야만 하는 것이어서고, 정작 가지고 있을 땐 가진 줄도 몰라서이며, 그러다 자연스레 내 손에서 모래처럼 빠져나가 이내는 사라져버리는 것이라서다. 딱 거기까지다. 한 시절이 지나면 그 누구에게도 남아 있지 않은, 공평하지만 자비 없는 젊음. 젊음의 향내를 가질 수 없다면 흉내라도 낼 수 있게끔 해주는 게 동안이라 너도나도 그렇게들 동안을 열망하는지 모르겠다.

최근 들어 나는 보톡스를 주기적으로 맞는다. 동안을 위해서라기보다 노화를 늦추기 위해서라고 해두자. 며칠 전에 미간과 이마, 양 눈가에 보톡스를 맞고 와서 눈두덩이가 무겁고 어색해 힘겹게 미소 짓는 나를 보고 일흔 중반에 드신 엄마가 말한다.

"안이 곪았는데 겉껍데기만 젊어지믄 뭐 하겠노."

무분별한 식습관과 수면 패턴, 만성적인 운동 부족의 요즘 것들이 염색이나 피부 관리, 시술로 겉모습만 젊어 보일 뿐이란 엄마의 말은 틀린 데가 없다. 엄마는 그래서 우리 내외를 볼 때마다 침대에 누워서 휴대폰 보지 말고 바로 잠들라고, 하루에 30분 이상은 햇빛 보고 운동을 하라고 잔소리를 하신다.

내가 먹는 것이 곧 나이며, 그것들이 결국 내 얼굴에 드러날 테니 건강한 식단으로 챙겨먹으라고도 하신다. 얼마 전, 배우 정해인이 "얼굴은 자기가 먹는 대로 생겨진다"고 한 말이 떠올랐다. 그는 감자튀김을 먹으면 감자튀김처럼 생겨지고, 햄버거를 먹으면 햄버거처럼 변한다고 했다. 그럼 내 소개는 이쯤으로 하면 될까.

'안녕하세요, 캔맥주입니다.'

먹는 대로 생기는 것처럼 스트레스나 마음고생도 얼굴에 고스란히 드러나는 게 사십 대부터인 것 같다. 사십 대는 그런 나이이다. 머리숱 많고 피부만 좋아도 모태 미녀들과 감히 비견될 지위를 얻기도 하고, 키 크고 대머리만 아니어도 이미 반은 미남이라는 착시를 주기도 하는 나이. 그래서 우리 남편 같은 사람에게도, 살만 빼면 나도 봐줄 만하다는 생각을 심어주게 되는 나이. 내 얼굴에 대한 책임을 더 이상 타고난 것에만 떠넘기기 힘든 시기. 이너피스와 이너뷰티가 비로소 힘을 내는 때. 사십 대는 바로 그 시작점이다.

이제는 나이 들어가는 나로 살 준비를 해야 한다는 걸 몸소 깨닫고 있다. 예전 같은 음주는 가당치도 않게 되었고 조금만 움직여도 금세 피곤하다. '젊은 나'에 대한 미련을 버리고 내 몸과 나이에 걸맞은 정신과 마음을 받아들여야 할 때가 왔다는 걸 매일 실감한다.

퇴행한 건 몸이지, 내 마음은 아직 젊음에 머무른다는 이유로 애써 나이를 부정하는 삶은 때로 처절해 보인다. 젊고 트렌디한 사십 대를 지칭하던 '영포티'가 최근에는 젊은 척하며 나잇값 못하는 사십 대 중년을 비꼬는 말이 된 것을 보고 웃음과 눈물이 뒤섞인다.

세월의 흔적은 누구에게나 비교적 공평하게 훑고 지나간다. 그러니까 결국 내가 보톡스를 맞아도, 염색을 해도, MZ 패션을 해도, 젊은이들의 눈에는 염색한 사십 대, 보톡스 맞아 어색하게 웃는 사십 대, 옷만 젊게 입은 사십 대, 젊어 보이려고 애쓰는 사십 대, 그 이상도 이하도 아니라는 사실. 그것이 중요하다. 또래끼리 서로 누가 동안이네 씨름해봐야 젊은이들에겐 딱 제 나이로 보인다는 불편한 진실.

4

술과 밤이 없었다면

{  }
(♥)
[♪]

남편이 둘인 여자

 어렸을 적, 엄마는 친구들을 너무 자주 만나지 말라는 얘기를 하신 적이 있다. 좋은 친구도 자주 보면 단점이 눈에 들어오고, 그걸 자꾸 보면 거슬리고, 그러다 보면 지적하고, 결국에는 어떤 불미스러운 사건이 벌어지게 된다는 것.
 어릴 때부터 사람 좋아하고, 너무 잘 믿고, 친구 따라서라면 강남이라도 불사하던 나에게 엄마는 사람 사이의 상처받지 않을 적당한 거리에 대해 얘길 하신 거였다. 설사 그때 그 말의 의미를 알았다고 해도 내가 엄마 말을 듣고서 친구들을 덜 만날 리는 없었겠지만 그래도 그게 틀린 말은 아니다. 가끔 봐야 반갑고 궁금한 건 친구도 마찬가지다.

그러나 나이 들어가면서 나에게 친구란, 이미 그런 사건 몇 번쯤은 너끈히 일어나고도 남았지만 그럼에도 아직까지 내 옆에 남아 있는 사람들이다. 그리고 무엇보다 다들 자기 살기 바빠 자주 만나고 싶어도 어차피 그러질 못한다.

사십 대가 되니 뭐 그리 대단히 불미스러운 사건들이 아니어도 인연은 자연스레 정리가 되었다. 사실 '불미'보다 '빈정'이 가까운 사이에서는 사람 속을 더 상하게 한다. 빈정이라는 말은 명사가 아니라서 사전에 '동사 빈정거리다의 어근'이라고 나온다. 그러나 우리는 빈정이 상할 때, 그 빈정이 무얼 뜻하는지 너무도 잘 알고 있다.

불미스러운 사건은 차라리 잘잘못이 명확하고 그에 따른 매뉴얼이란 게 '상식'이라는 이름으로 준비되어 있다. 상식적으로 사과하고, 상식적으로 용서하고, 상식적으로 화해하면 불미스러운 일들은 얼추 봉합이 된다. 그러나 아주 사소하고 미미하게 빈정 상하는 일들은 시시비비를 가리기가 힘든 일들이다.

예를 들어 지속적으로 내 카톡에 늦게 답을 한다든가,

읽고도 답을 안 한다든가, 자신이 원하는 대답을 들으면 그 뒤에는 확인도 안 한다든가 하는. 쓰면서도 빈정 상하는 이런 일들은 평화로운 일상에서 손톱 밑에 든 가시 같은 느낌으로 내 기분을 거스른다. 이걸 따지고 들어도 되나, 뭔가 개운치 않은 이유는 뭐지, 나만 바보 되는 기분이네, 하다가 틈이 벌어지고 사이를 멀어지게 하는 게 바로 빈정이다.

지금 내 주변에 남은 인물들은 지금까지 손에 꼽는 불미스러운 사건들과 사소하게 빈정 상했던 일들, 그러니까 웬만한 산전수전을 함께 치르고 해결하며 이어져온 관계들이다. 내가 그들에게 대역죄를 짓지 않는 한, 우리는 앞으로도 함께할 것이라는 믿음과 예감 같은 게 나에게는 있다.

친구들과 할 때 더 재미있는 얘기가 있고, 가족들과 하는 게 더 의미 있는 얘기가 있다. 엄마랑 할 수 있는 얘기가 있고, 자식과 할 수 있는 얘기가 있다. 내가 사춘기 시절 엄마를 얼마나 힘들게 했는가를 엄마한테 얘기할 수는 있어도 딸에게는 그 얘기를 숨긴다. 마찬가지로 남편과밖엔 나눌 수 없는 감정이 있고, 결코 남편과 나누어서는 안 되는 감정도 있는 법이다.

친구들이 없었다면 나는 결혼 후 모든 일을 남편과 함께하고자 했을 것이고 모든 감정을 남편에게 들어달라고 쏟아냈을 것인데, 그건 어디로 보나 건강한 관계는 아니다. 내가 느끼는 다양한 감정에는 분산이 필요했다.

결혼생활은 옳은 것만을 추구하고 그른 것을 배척하는 흑과 백의 영역이 아니다. 올바른 것과 좋은 것은 언제나 일치하는가, 바른 사람은 착한 사람인가, 도덕적이면 선한 것인가. 결혼생활을 하는 내내 물음표로 남은 질문들이다. 남편도 나도 상식적이고 바르며 도덕적인 사람들이나 우리 둘은 자주 싸웠고 그보다 더 자주 휴전 상태였다.

정답이 정해져 있지 않은 질문들은 그럼에도 답을 필요로 했다. 수많은 선택과 질문의 굴레들 사이에서 우왕좌왕할 때, 3인칭 관찰자인 친구들은 당사자가 아니기에 적당한 거리에서 객관적으로 우리를 바라볼 수 있었다. 그게 어찌나 미덥던지!

남편이 '남편'이라고 부르는 내 친구들이 몇몇 있다. 남사친일 거라고 예상하겠지만 아니다. 이제는 진짜 몇 남지 않은 내 친구들을 남편은 '남편'이라고 부른다. 무슨 말인고 하면, 남편은 내 친구들에게 질투라고 하기엔 애매하지만 그렇다고 아니라고 하기도 애매한 감정을 가지고 있다. 내 눈에는 그게 보인다.

"남편들 만나러 가나 봐?"

친구들을 만나러 간다고 할 적이면 굳이 알면서도 이렇게 비꼬는 투가 된다. 이 친구들은 아이들이 태어나기 전, 남편을 만나기 전, 내가 어른이 되기 전, 우리 엄마 아빠를 제외하고 나의 모든 역사에 대해 알고 있는 인물들이다. 우리들은 서로 같으면 같으니까 친구가 되고, 달라도 다르다는 이유로 친구가 될 수 있는 유일한 시절에 친구가 되었는데, 같아도 너무 같은 유전자를 갖고 있음이 계속해서 밝혀지고 있는 사이들이다.

그녀들을 만날 때 준비물은 그래서 '나'다. 무슨 얘기를 해야 할지, 어떤 태도여야 하는지, 하면 안 되는 얘기는 무엇일지 걱정하지 않아도 된다. 그저 생각나는 대로 얘기하고, 내키는 대로 행동한다. 내가 누구의 딸이든 누구의 아내든 누구의 엄마든 어떤 회사의 직원이든 그 호칭들은 다 필요 없거나 상관없다고 말해주는 그녀들.

의식주를 해결하는 필수불가결한 요소들로만 채워진 삶은 얼마나 팍팍할 것인가. 그녀들이 있어 내 인생은 좀 더 고차원적이고 다채롭고 풍요로울 수 있다. 친구란 그렇다. 없어도 사는 데 지장은 없지만 잘 사는 데 꼭 필요하다.

달라진 것이 있다면 결혼 전, 수많은 밤마다 술상 앞에서 마주했던 우리들은 결혼 후로 밤이 아니라 오전과 낮에 만났고, 술이 아니라 커피를 마시면서 대화를 나눈다는 점 정도랄까.

남편은 모른다. 내가 남편과의 문제로 힘들 때나 남편과는 결코 나누기 힘든 이야기가 있을 때 친구들에게 털어놓고 때론 질책을, 때론 공감과 위로를 얻으며 얼마나 홀가분한지. 남편이 백퍼센트 짊어졌어야 할 에누리 없는 내 마음의 짐을 친구들이 나눠 진 덕분에 자기 어깨도 가볍다는 사실을. 그래서 남편을 한껏 끌어안을 수 있는 마음의 여유를 만들어주는 것이 친구들이기도 하다는 사실을 그는 모른다.

무엇이 될지 몰라 오히려 무엇이든 될 수 있었던, 그 시절 생동감에 일렁이던 어린 우리들은 이제 없다. 지금은 그냥 엎치락뒤치락 하루하루 비슷하게 늙어가는 중이다. 마흔 중반에 들어선 요즘 느끼는 마음이란 게, 난 너무 슬프다. 달뜬 청춘이 흥청거리던 밤처럼 지나버리고 난 뒤 우리에게는 책임져야 할 일들만 남은 것 같다.

하루가 다르게 아이들은 커가고 부모님은 연로해져가시는데 남편은 그야말로 남의 편 같을 때가 많은 요즘, 그 서글픈 마음을 겪는 우리는 서로를 어루만져준다. 알기 때문이다. 앞으로 우리가 옛날처럼 이대 뒷거리를 헤매며 천 원짜리 핀 하나에도 행복할 수 있을까. 아무런 근심 없이 그저 우리만으로 충만해서 웃을 수 있는 날이 올까. 그런 날은 아마 앞으로 다시 오지 않을 것이다.

살면 살수록 미로 속을 헤매는 것 같은 인생에서 그래도 이 정도면 괜찮다, 잘못된 길로 가지는 않겠다 싶을 바로미터가 되어주고, 옳고 그름을 판단하기 힘든 결혼생활에 3인칭 관찰자를 넘어선 전지적 조언자가 되어주는 친구들은 그래서 남편이 부르듯 '남 편'이 아니라 '내 편'이다.

스물이었다

 산소 없이 물질을 태울 수 있는 불길은 세상에 없다. 전교 2등에게 그 무엇보다 효과적인 촉매제는 전교 1등의 존재일 것이다. 나보다 객관적으로 우세한 친구와 달리기를 하면 내 기록도 단축된다. 응원이 실제로 선수들의 경기력 향상에 도움이 된다는 통계도 차고 넘친다.
 내 행동의 동기가 되어주는 사람들, 나를 더 잘하게끔 이끌어주는 이들. 나에게는 대학 친구들과의 만남이 그랬다. 촉매제가 있어야 화학반응이 있고, 동기부여가 되어야 시너지가 생긴다. 이 친구들을 만나지 않았더라면 내 음주 라이프는 샴페인처럼 화려하고 상큼하게 시작했다가 김빠진 맥주의 최후처럼 밍밍하고 싱겁게 끝났을지 모른다.

　내 첫 음주의 기억은 폭죽이나 불꽃 같은 거였다. 고등학생 때 몰래 한두 모금 마셔본 것이 아니라, 거칠 것 없는 데서 한 판 제대로 추는 춤 같았으니 얼마나 신명이 나던지 도파민이 폭죽 터지듯 폭발했다. 이 친구들을 만난 건 그러니까 운명 같은 것이었다.

　이미 걸출한 씨앗을 품고 태어난 음주에 대한 원대한 내 가능성은 친구들이 부어주는 소주와 맥주를 마시고 싹을 틔웠고, 그것은 빠르게 자라 열매를 맺어 친구들의 안주가 되어주었다. 우리의 음주 라이프는 그야말로 역동적인 시너지를 만들어냈다. 윈윈이랄까.

　우리는 항상 넷이서 술자리를 시작했다. 오늘은 제발 간단하게 끝내고 일찍 들어가자며 저녁 반주로 시작하는 술자리는 그러나 아무 사건과 전개 없이 순조롭게 마무리될 리 없었다. 그때 우리는 스무 살. 그러니까 없는 이야기도 만들면 사연이 되고, 건드리기만 해도 썸과 서사 한 편이 뚝딱 완성되는, 터지기 직전의 여드름 같은 존재들이었다.

"어머, 걔가 이 근처래? 오라 그래. 소주 한잔 마시고 가라 그래."

"뭐? 걔 썸남이 소개팅을 했대?? 당장 나오라고 해. 연애 상담해준다고."

"헤어졌냐? 오늘은 거국적으로 마시는 날이네."

네 명이서 시작한 술자리는 늘 예정에도 없이 야금야금 커져만 갔고, 테이블 크기도 조금씩 늘어나 술자리가 파하는 때가 되면 처음 보는 애가 내 옆에 앉아 있기도 했고, 코드 맞는 새로운 친구를 만나서 새 술을 담을 새 부대를 찾아 조용히 자리를 뜨기도 했다.

아무도 등 떠밀지 않은 한편, 모두가 가담자이기도 했던 시끌벅적한 술자리에서는 새 커플이 탄생하기도 했는데, 나의 첫 남자친구도 내 친구의 고등학교 동창과 합석한 술자리에서 처음 만났다. 어슴푸레한 조명을 받은 우리, 몇 잔의 술로 달떠 있던 우리, 스무 살이었던 우리, 마침 남자와 여자였던 우리. 그때의 우리가 연인으로 발전하지 않았다면 그게 더 이상했다.

그 후 자연광이 내리쬐는 시간에 맨정신으로 캠퍼스

근처에서 맨송맨송 만난 우리는 첫 번째 만남의 호탕함과 쿨함은 어딜 가고 어색함에 연신 아이스티만 쪽쪽 빨며 커피숍에 마주 보고 앉았다. 그때서야 제대로 된 자기소개를 하고 손을 잡았지만, 아무렴 순서가 뒤바뀐 것쯤 무어 대수랴. 어느 학교를 졸업하고 어떤 직장에 다니고 어디에 사는지 사전 정보를 다 꿰고 나서야 소개팅 자리에 나서던 직딩 시절의 나로서는 상상도 할 수 없을 만큼 순수하고, 사람 하나만을 보고 좋아하는 마음이 일던 스무 살이었다.

그 시절 술자리는 파할 때 정신 차려 보면 열 명은 족히 넘을 때도 있었다. 그럴 때는 누가 누구의 친구인지, 저마다 이 자리에 어떻게 왔는지도 헷갈려서 자기소개만 주야장천 하다 끝난 적도 있다. 마실 때는 왁자지껄 "우리는 하나! 위아더월드!"를 외치며 저 에베레스트도 다 같이 넘을 수 있을 것 같았지만, 마신 자는 넘치는데 계산하려는 자는 소수여서 정산에는 늘 어려움을 겪었고, 누군가는 독박을 쓰기도 했다. 그 누군가가 바로 나였다.

과외 아르바이트로 경제적 어려움이 없던 나는 술자

리에서의 왠지 모를 객기로 술값을 척하니 계산하곤 했다. 그러고 나면 다음 날 돈 받을 사람이 누구의 지인인지, 어떤 식으로 돌려받아야 할지 알 수 없어 난감해하다가 시간은 흘렀고, 그렇게 못 받은 돈으로 술을 산다면 적어도 백 명에게 감자탕에 소주 댓 병쯤은 살 수 있는 금액이 아닐까 한다.

더 되면 더 되었지 결코 덜 되진 않을 것인데, 그냥 손익계산서를 찢어버렸다. 그건 그냥 먼저 저지르고 나중에 수습하는 일이 얼마나 어리석은가를 배우는 값으로 지불했다고 여기고 잊어버리려 했지만, 또 가끔 생각나면 여전히 킹받는 돈이기도 하다.

한때 '위아더월드'였던 우리는 마흔이 넘은 지금, 누구보다 인생은 각개약진 독고다이 개쌍마이웨이라는 걸 알게 되었다. 다행히 그걸 알기 때문에 알아서들 밥벌이를 하느라 누구는 학원에서, 누구는 두부 만드는 회사에서, 누구는 우리나라 최고 대기업에서, 또 누구는 자영업 사장님으로 내 한 몸과 배우자와 아이 한둘쯤 건사하면서 그럭저럭 살아간다.

그러다가 가끔 뭉치는 우리는 이제 불러내면 대기했다는 듯 줄줄이 올 수 있는 여유 있는 친구들이 더 이상은 없고, 약속을 잡아야 만날 수 있는 사람들이 되었으므로 우리는 다시 넷이 되었다. 그녀들과 외치는 '위아더월드' 소리도 그리 작지만은 않다. 그 자체로 완전한 세계가 된다.

나는 이제는 두 아이의 엄마로, 한 남자의 아내로, 말단 공무원으로 정체를 숨긴 채 가느다랗고 길게 살고 있지만 친구들과 만나 술꾼이 될 땐 감쪽같이 스무 살로 돌아간다.

얼마 전, 우리의 금요일 모임이 취소되자 남편이 물었다.

"왜 취소됐어??"

"토요일에 다들 일정이 있어서."

"아니, 주말에 일정 없는 사람도 있어? 다음 날 일정이랑 무슨 상관이야?"

"그럼 요양을 못 하잖아."

"하…."

남편의 깊은 한숨. 아니, 저녁 먹고서도 한 10시 정도면 2차까지도 가능한데, 적당히 마시다가 들어가서 일찍 자면 되는데 왜 꼭 그렇게 끝까지 가야 하는지, 그게 안 된다고 왜 안 만날 생각을 하는 건지 도대체 이해가 되질 않는다, 이 정도로 해석할 수 있겠지만 남편은 모르는 소리를 하고 앉아 있다.

  우리에게는 다음 날 앓아누울 만큼 여흥을 누려야 할 사명이라는 것이 있다. 중간에 끊고 일어난다는 건 우리 사전에 없는 일인데 10시라니 가당치도 않다. 다음 날 시체처럼 요양할지언정 1년에 한두 번 허락되는 그 시간이 어떤 의미인지, 외로운 이 세상 넷이서 외쳐보는 개쌍마이웨이가 얼마나 큰 힐링인지, 늬들이 그 맛을 알아?

미지근한 카스와
돌아올 수 없는 M에게

경사는 누구와도 축하할 수 있다. 기분이 좋으면 너그러워지고 베풀게 되는 게 인지상정이므로 곁에 있는 누구라도 얼싸안고 기뻐할 수 있다. 행복은 나누면 배가되는 게 맞다. 우리가 단체로 주술에 걸렸던 2002년 월드컵을 떠올려보라. 모르는 이들과의 연대, 다들 미쳐 있던 그 시절 그 기쁨이란 아무 하고나 나눌 수 있는 헤픈 감정이었다.

그러나 조사는 다르다. 슬픔을 나누면 반이 되는지는 잘 모르겠다. 좌절이나 분노, 자학, 비난, 멸시 같은 감정들은 전염이 빠르고 강력해서 그 위세를 키우기도 쉽다. 그러다 보면 인간관계는 원하지 않는 방향으로 갈무리될 수도 있다는 걸 배운 때가 이십 대 후반, 취업준비생

때였다.

대학 시절 술만 마셔대던 나는 졸업을 앞두고 내가 무엇을 하고 싶은지 쫓기듯 골몰하기 시작했다. 놀고 방황하느라 졸업도 친구들보다 늦은 뒤라 주변 친구들은 대부분 진로를 확정지었을 때였다. 인생을 길게 놓고 보면 1년이란 기간은 광활한 우주에서 지구가 차지하는 비중만큼이나 작고 하찮은데, 그걸 몰랐던 이십 대엔 그렇지가 않았다.

특히 또래와의 비교 속에서 자신의 위치를 파악하는 그때의 우리는 친구들과 나의 학점을, 연봉을, 애인을 이리저리 따져보고, 실의에 빠지고, 자존심이 상하기도 했다. 늦으면 조바심이 났고 나락으로 떨어지는 것만 같았다. 더군다나 나는 아무것도 해놓은 게 없었다. 그러다 보니 어느 순간 친구들에게 먼저 연락하기를 점차 주저하게 됐고, 내 주변엔 남은 친구가 별로 없었다.

M과는 내가 가장 볼품없던 시기에 만났다. 꿈과 이상은 찬란했지만 현실은 초라하고 하찮던 그때, 우리는 한 방송사 면접장에서 만났다. 거기에는 물론 기자가 되고

자 하는 이들로 가득 차 있었지만 우리는 주당이 주당을 알아보듯, 골초가 골초를 알아보듯, 서로를 알아보았다.

우리는 함께 사회부 기자를 꿈꿨다. 꿈이 같다는 건 정신세계와 뇌 구조도 비슷하단 의미라는 걸 M을 만나고 알았다. 그 길로 우리는 연락처를 주고받았고, 그게 우리가 면접에서 낙방하리라는 암시였던지(그렇지 않았으면 신입기자 오리엔테이션에서 만났을 것이다) 우리는 보기 좋게 나란히 떨어졌고 다시 언론고시생으로 돌아왔다.

기자를 준비하는 기간 동안 우리는 온수역에서 걸어서 10분 거리에 있던 한 대학교 도서관에서 거의 매일 만났다. 거기가 서로의 집에서 중간이었고, 재학생이 아닌 외부인에게도 출입을 허용하던 인심 좋은 곳이라서였다. 아르바이트나 면접, 스터디, 데이트가 있는 날을 빼곤 매일 거기서 붙어 지냈다. 그 기간만 족히 2년이 넘는다. 토익이나 한국어능력시험같이 엉덩이 힘으로 하는 공부도 필요했지만 우리는 대부분 잡담을 하면서 시간을 보냈다. 그게 우리에게 진짜 필요한 '살아 있는' 공부라고 여겼다.

당시 신문 1면은 대부분 광우병 집회나 미디어법에 대

한 내용들이었고, 미국발 금융위기가 한국 경제를 강타했으며, 88만원 세대니, 강남좌파 같은 것들이 그즈음의 이슈들이었다. 내가 세상을 살아 있는 유기체로 인식하던 때, 그래서 가장 선명하고 생동감 넘치게 기억하는 시절이 바로 그때다.

M이랑 논쟁을 이어갈 때면 그런 이슈들은 당장 내 삶의 옆구리를 침범해올 듯 시급하며 일상과 긴밀히 연결돼 있다고 느껴졌고, 그 문제들에 대해 침 튀기며 격렬히 떠들 때 우리 옆엔 항상 미지근해져가는 330밀리 카스가 있었다.

우리는 오전에는 각자 도서관에서 신문을 읽거나 기사를 스크랩하고 글을 쓰다가 집중력이 슬슬 흐트러지기 시작하는 2시쯤 커피 한잔을 빌미로 도서관 바깥의 간이 벤치에 나란히 앉았다. 자판기의 싸구려 믹스커피가 담긴 종이컵은 우리의 넘치는 대화를 담기엔 턱없이 작았다.

대화를 끊고 각자의 자리로 돌아가기에 이미 대화는 건조한 들판에 삽시간 번지는 들불처럼 걷잡을 수 없어졌고, 그럴 때면 우리는 근처 편의점에 들러 캔맥주를 샀다. 물론 한 캔씩만 마시자며 딱 두 캔만 샀지만 거기서 끝일 리는 아무리 생각해도 없지 않은가. 한 캔은 두 캔이, 두 캔은 네 캔이 되었고 그러다 보면 노을이 내려앉은 사위는 붉거나 노랗게 물들어 있었다.

또 어떤 때는 집에서 챙겨온, 톡 쏘는 맛도 사라진 맥주를 교정에서 몰래 홀짝이기도 했다. 대낮 캠퍼스에서 맥주를 홀짝이는 두 여자란 흔한 그림은 아니었던지라 우리는 그걸 텀블러에 옮겨 담아 빨대로 마시곤 했다. 맛있을 리 없던 그 맥주가 그땐 왜 그리 달게 술술 넘어가던지, 긴장과 불안이 조금씩 이완되던 그 느낌이 그땐 왜 그리 간절하던지, 꼭 우리에게 필요한 것처럼 느껴졌다.

그렇게 종일 떠들다가 오늘 하루도 공쳤다며 머쓱해진 얼굴로 술 냄새를 폴폴 풍기면서 도서관으로 돌아가 가방만 챙겨 집으로 돌아가기도 했고, 그러고도 할 말이 차고 넘친 날이면 학교 근처 맥주집에서 돌냄비 우동에 생맥주를 들이켜기도 했다. 그때 88만원 세대와 20대 개새끼론에 대한 이야기를 M과 참 많이도 나눴는데, 그게 훗날 삼포세대와 열정페이의 비슷한 계보라는 걸 어디선가 보고 알게 됐다.

　맥주를 마시면서 M과 나는 강남좌파란 가능한 신념인가에 대해 이야기했다. 좌파 논객의 신념과 실생활이 다를 때(이를테면 자사고 폐지를 주장하면서 자신의 자녀는 자사고를 보내는 식) 어떻게 이해해야 하는가를 논하며 그런 얘기를 하는 우리에게 심취했다. 신형철이나 알랭 드 보통 같은 남자와의 연애는 어떨 것인지, 그들은 글 속에서만 로맨틱한 것인지 실제로도 그럴 수 있을 것인지를 따져보기도 했다. 종편 채널이 정말 세상을 비스듬하게 만들 것인지, 진짜 국격이란 무엇인지, 그 어떤 것이든 주제가 되었고, 어디든 우리가 못 갈 곳은 없었다.

　그때 가장 많이 나눈 이야기 중 하나는 우리의 대화를 책으로 내면 정말 재미있을 것 같다는 거였다. 제목은 《기자, 이렇게 준비해도 떨어집니다》쯤으로 하면 좋겠다는 얘기도 꼭 덧붙였다. 요즘이라면 너끈히 M과 함께 출간을 목적으로 의기투합했을 텐데, 그때는 펀딩 같은 것도 없었고 지금 같은 글쓰기 플랫폼도 빈약했었고 낙방과 탈락을 거듭하는 우리 이야기에 누군가가 관심을 가져줄 리 만무했으며 이제는 그 모든 게 허락된다고 해도 결정적으로 M이 없다.

학생들이 하나둘 교정을 나서던 시간, 불그스름하면서도 노오란 봄 노을이 교정의 벚꽃 위에도 내려앉고 이따금 바람이 살랑 불어올 때마다 흐드러지던 벚꽃잎이 바람을 따라 흩날렸다. 솜사탕같이 달콤한 향이 바람에 실려왔다.

계절이 몇 번씩 바뀌도록 우리는 그곳에 함께 있었다. M은 빛나고 똑똑하던 아이답게 나보다 먼저 합격했고 기자가 되었다. 그곳은 경제지여서 M과 내가 그렇게 가고 싶어 했던 곳은 아니었지만 우리는 너무 오래 쉬었다. 88만 원에 불과할 우리의 몸값을 애써 끌어올려야 할 시기가 지나가고 있었다. 그리고 그녀는 어디서든 길을 발견할 것이었다.

나의 술 역사는 팔 할이 코미디였지만, 나머지 이 할은 M으로 인해 진지하고 심오했으며 충만했다. 그런 마음이 들 때면, 이 세상에 우리 둘만 있어도 충분할 것 같기도 했다. 좌절과 방황을 함께하는 와중에도 M은 나에게 방향이 되어주었다. 그녀는 내가 질투와 시기 같은 감정을 다 제쳐두고 진심을 다해 합격을 축하해줄 수 있는 유일한 사람이었다.

그녀가 더 이상 이 세상 사람이 아니게 되고 나자 나는 이제 어디로 가야 할지 모르는 사람이 되었다. M이 나의 등대였다는 걸 뒤늦게 깨달았다. 빠르게 미지근해져가던 김 빠진 맥주를 나는 더이상 마시지 않게 되었다. 아니, 이젠 그런 맛없는 맥주를 마시지 않아도 된다.

M은 내가 아는, 가장 반짝이던 청춘이었다. 사람이 한평생 낼 수 있는 에너지의 총합이라는 게 있다면 그녀는 그래서 그 짧은 시간 동안 온 힘을 다해 빛을 내었나 보다.

그녀가 떠난 지 10년이 훌쩍 넘었다. 나는 지금도 M을 생각하면 길을 잃고 헤매는 아이처럼 울고 싶은 기분이 되곤 한다. 그럴 때마다 우리가 함께 마신 미지근한 캔맥주가 함께 떠오르는 건 막을 길이 없다.

밤과 이별하는 삶

회사나 관공서에서 여러 가지 실수들을 여러 차례 저질러보며 느낀 점이 있다. 그 실수들의 공통점은 바로잡을 수 있다는 거였다. 오지게 욕을 먹고 굽신거리며 사과할지언정 바꿀 기회는 주어졌다.

인간이 모르고 저질러버린 실수, 살면서 남긴 행적이나 자취는 원하면 되돌리거나 바꿀 수가 있다. 없던 일로 만들거나 취소하는 것이 가능했다. 무효, 변경, 취소, 삭제와 같은 단어나 행위들이 그 증거였다. 자퇴, 사직, 이혼, 개명과 같은 절차들이 그걸 가능케 했다. 누구나 시행착오가 생길 수 있으니 최소한 한 번은 다시 주어지는 기회랄까.

그러나 출생. 출생만은 그럴 수 없는 일이었다. 첫째를 낳고 나서 나는 다시는 돌아갈 수 없는 강을 건너버렸다는 사실을 알게 되었다. 이제 이 아이의 실체가 내 출산의 증명이었으므로 법과 행정의 테두리가 이 아이의 실존을 입증할 것이었다.

그런 실존적 무게 때문일지, 죽을 때까지 내 뇌리를 지배할 숙명적 존재에 대한 거대한 책임감 때문일지 산후조리원에서 나는 2주 내내 매일매일을 울었다. 그러나 돌이켜보면 그때의 눈물은 그런 존재론적인 거창한 문제들 때문이 아니었다.

매일 정해진 시간에 몇 차례씩 불려가서 젖소처럼 모유 수유를 하는 내 모습이, 원하는 음식을 마음 놓고 먹을 수 없는 내 상황이, 애만 내 몸에서 빠져나가면 붓기도 빠질 줄 알았는데 낳기 전보다 더 부어 있는 내 얼굴이, 동그란 도넛 모양의 방석을 깔고 앉아서 종일 TV 화면이나 들여다보고 있는 내 처지가 슬픈 거였다.

무엇보다, 10월 말 조리원 창문 밖으로 떨어지는 은행잎이 노랗게 뒤덮인 거리에 노을이 내려앉고 한 올의 찬

바람이 휘-잉 하고 불 때, 테라스가 있는 주점에서 무릎에 담요를 덮은 채 소주 한잔을 기울일 수 없게 된 내 처지가 슬픈 거였다.

조리원에서 나는 시간을 되돌리고만 싶어서 매일 울었고, 그때 내가 눈물과 함께 흘려보낸 기억들은 홍수를 이루며 전생이 되었다. 첫째가 태어나기 전의 내 인생은 전생과도 같다. 아이는 그렇게 아무런 의도 없이 무해하게 나의 전생을 거슬러 나에게 왔다. 비로소 현생, 그러니까 후반전의 내 삶은 그렇게 시작되었다.

조리원을 나와서 본격적인 육아가 시작되던, 매일이 똑같던 날들을 속절없이 보내면서 나는 숱한 밤들과 이별했다. 해빙이 시작되며 해가 길어지고 뺨을 스치는 바람은 아직 차지만 한낮의 공기가 따뜻해지기 시작하던 초봄, 밖에서 온종일 땀과 함께 절여진 몸을 씻고 의식처럼 선풍기 앞에 앉아 TV를 트는 한여름, 찬바람이 불어오며 눈에 띄게 짧아진 해가 빠르게 기울고 찰나의 노을과 그보다 긴 밤을 선사하던 늦가을, 코끝이 아리도록 찬 공기를 폐 속 가득 불어넣고 추위를 헤매다가 노포에 들어서면 안경에 김이 뿌옇게 서리던 겨울, 그런 사계절의 정취 속에서 시시때때로 친구들과 함께 기울이던 수많은 술잔과 그 셀 수 없는 밤을 나는 정리했다.

마시고 싶을 때까지 마시고 자고 싶을 때 자던 삶, 우울할 땐 우울해서 마시고 기쁠 땐 기뻐서 마셨으며 아무렇지 않은 날은 아무렇지 않게 마셨던 삶, 기분껏 취한 뒤 밀려오는 숙취에도 마음 놓고 절여져 있을 수 있던 삶, 잦은 음주와 과한 술자리를 걱정하는 엄마의 잔소리를 한 귀로 듣고 한 귀로 흘리던 삶, 그러니까 한마디로 흥청망청 엉망진창 뒤죽박죽 내키는 대로 살던 모든 하루들과 이별했다.

그리고 나는, 부모가 되었다. 지킬 목숨이 있는 삶이었다. 그건 거시적으로 봤을 땐 비장하고 거룩한 목적이 있는 삶이지만, 미시적으로는 한없이 고단하고 남루한 일상을 보내는 삶이었다. 한 번도 살아본 적 없던 삶의 형태를 맞닥뜨린 나는 한참을 길을 잃고 헤맸고 그런 와중에 둘째까지 출산해 육아 중인 지금도 여전히 길을 찾는 중이지만, 기가 막히게 찾아낸 것이 있었으니 그건 바로 새로운 음주의 루틴이었다.

맞다. 출산을 했다고 욕구가 거세될 리 없다. 인간은 막다른 길에 섰을 때 또 새로운 길을 찾아내는 법. 전생의 삶을 정리한 나는 이제 현생에서 새로운 음주 라이프를 찾게 된 것이었다. 낮술과 혼술, 반주와 집술의 세계였다.

고요한 소우주의 시간

열정과 소란을 혼동하던 시절이 있었다. 시끌벅적해야만 꽉 찬 하루를 보냈다고 믿었던 건, 마땅히 그래야 하는 시기였기 때문이다.

학교에 입학하고 성인이 되기까지 또래집단 안에서의 비교를 통해 내 위치를 가늠해왔다. 젊음이란, 빽빽하고 수북한 무리들 틈에서 내 존재를 감각하고 확인하는 것이었다. 젊음의 속성은 아이러니하게도, 내 곁을 스쳐 지나가버리고 나서야 명확하게 그 실체를 드러낸다는 것에 있다.

이제 나는 고요와 적막에 싸여서만이 내 존재를 느낀다. 시끄럽고 번잡스러운 데서는 정신이 사나워져 나를 잊거나 잃기 십상이다. 진짜 나 자신은 타인과의 비교를 통해서가 아니라 혼자 있을 때에만 민낯을 드러내게 됐다. 아이들을 재워놓고 남편도 잠든 밤, 혼자 마시는 술 한잔은 내가 나에게 주는 작은 보상이자 나를 들여다보는 소중한 시간이다. 내가 나에게 건네는 위로랄까.

아이를 심하게 혼내고 재운 날이면 후회와 자책이 물밀듯 밀려왔고, 남편과 갈등을 겪을 때면 술 한잔 기울이며 무엇이 잘못되었는지 상념에 빠져들었다. 아이가 점점 커가며 사춘기에 이르렀을 때, 아이의 교육과 학업에 대한 문제를 진지하게 고민하게 되는 시간도 혼술을 할 때였다. 유튜브를 찾아보며 선배 엄마들의 조언을 읽고, 남편과 다툼이 있던 날은 내 말투와 표정이 칼날이 되진 않았을지 다툼을 복기하면서 후회와 반성을 곱씹고 또 한편 다짐과 결심도 했다.

이십 대 시절의 시끄럽고 정신없는 술자리에서는 있을 수 없는 일이었다. 그 시절로 다시 돌아간다 해도 앞만 보고 내달리느라 놓치는 줄도 모른 채 또 놓칠 것이었다.

선행학습이 열의 넘치는 영재들의 영역이듯 예행연습

은 피 끓는 젊은이들의 영역이다. 타고난 재능을 가진 특별한 이들, 살아온 날보다 살아갈 날들이 많은 청춘, 가보지 않은 미지의 세계에 대한 탐구와 궁금증이 미덕인 그들에게 그 무엇보다 신비로운 세계는 미리 보는 예습일 것이다.

나 역시 그런 때가 있었다. 앞을 내다보는 게 중요하던 시기. 그러나 평범하게 나이 들어가는 나에게 이제 중요해진 것은 후행학습. 즉, 복습이었다. 미래를 향해 저돌적으로 달려가는 것보다 현재의 것들을 지켜내는 게 여러모로 낫다는 걸 받아들이는 나이가 되었다. 무엇보다 계획을 세우고 무언가를 미리 준비한다는 건 나를 들여다보고 파악한 뒤에라야 나올 수 있는 것이었다. 돌아보아야 비워내고 털어버려야 그렇게 할 수 있었다.

범인들에게 중요한 건, 선행이나 예행이 아닌 복습이었다. 그걸 깨닫기까지 오랜 시간이 걸렸고, 며칠에 한 번 보상처럼 주어지는 술잔을 기울이니 천천히 쌓여간 과거들이 내게 말을 걸어왔다. 내일은 더 나을 거라고, 지금도 잘하고 있다고 속삭여주는 그 과거들이 내겐 더없는 위안이다.

때때로 어른 여자 사람들과의 수다가 절실할 때가 있다. 가정생활과 회사생활에 충실하다 보면 앞뒤 재고 따질 것 없는 평면적인 아이들과의 대화, 세상의 중심이 자기라고 여기는 남편과의 대화, 사무적이고 건조한 동료들과의 대화 말고, 고차원적이면서도 진지하고 개떡같이 말해도 찰떡같이 알아들어주는 그녀들과의 대화가 사무칠 때가 있다.

예전엔 그런 이야기들을 술잔을 기울이며 나눴다면, 이제는 그런 대화들을 브런치 테이블 위에서 나눈다. 기우는 밤이 아니라 평평한 한낮에 술잔이 아니라 커피잔을 앞에 두고 수다를 떨게 되었다. 그걸로도 충분하다.

그녀들과의 대화가 유의미한 것은 집에 돌아와 혼자 곱씹거나 잊기로 결정하거나 기억해야겠다고 다짐하는 순간들이 있기 때문이다. 혼술과 함께 말이다.

오롯이 술잔과 나, 이 둘에만 집중하는 시간. 내 머리 위로 작은 소우주가 생겨나는 시간. 혼자인 시간을 사랑한다.

혼자 있고 싶은 술꾼이 혼술을 사랑하지 않기란, 내가 내일이라도 당장 술을 끊겠다고 선언하는 것만큼이나 불가능한 일이다.

주량도 모른 채
끝나는 인생이란

지금은 내 한 몸 건사하기도 버겁고 피곤해서 타인의 삶이나 관심사에 크게 궁금증이 일지가 않는다. 그건 한마디로 무관심이지만 어느 정도는 나를 너그럽고 아량이 넓은 사람으로 보이게 하는 착시를 주기도 했고, 나의 무관심이 결과적으로는 타인을 있는 그대로 인정하는 면모가 되었다. 역시 가만히 있으면 중간은 가는 것이다.

그러나 심신의 열정이 넘쳐흘러 주체가 안 되던 이십 대 때는 용기와 취기, 혈기와 객기 같은 것들을 일맥상통으로 여겼다. 가만히 있으면 가마니가 되는 줄 알았고, 그래서 타인에 대한 참견이나 오지랖이 관심과 애정인 줄로만 알았다.

그 시절 나는 술자리의 즐거움과 술의 묘미를 모르는 사람들에게 연민이나 동정 같은 감정을 갖고 있었다.

'하! 평생 이런 재미를 모르고 살다가 죽는단 말인가.'

술은 안 마신다는 주관을 갖고 있거나, 술을 못 마시는 친구들의 구원자가 되어주고 싶었다. 노력만 한다면 틀림없이 주량은 늘게 되어 있었다. 기어이 그들을 밤의 테이블로 인도해서 이 일렁이는 기분과 심오한 세상, 끈적한 우정과 넉넉지 않아 더 아름다운 밤을 함께 나누고 싶었다.

술 마시는 우리들의 공분을 샀던 술 못(안) 마시던 그와 그녀들, 자칭 알쓰들이 술자리에서 뱉는 멘트는 보통 이렇게 세 가지였다.

1. 난 술이 안 받는 체질이야
2. 난 술은 못 마시지만 술자리는 좋아해
3. 난 술을 안 마셔도 술 마신 것처럼 놀기 때문에 상관없어

'아니, 그건 니 생각이고.'

장기하 목소리로 쏘아붙여주고 싶었다.

술을 함께 마신다는 건 같이 망가지겠다는 무언의 약속이고, 서로를 서로에게 맡기겠다는 공공연한 계약이다. 그런 자리를 맨정신으로 지키고 앉은 사람은 이미 불공정한 갑의 지위를 가진 사람이고 참석 자체로 계약 위반이었다.

모든 걸 지켜보고 있는 자, 나의 망가진 모습을 알게 된 자, 우리의 치부를 캐낸 자, 그러나 자신은 끝끝내 멀쩡한 자. 이제 막 어른이 된 우리의 술자리에 비밀 따위는 없었지만 아무튼 우리의 추태를 발설할 가능성이 있는 위험 인물들이었다.

그래서 당시의 나는 술을 안 마시거나 못 마시는 친구들을 피아 식별하듯 색출해냈고 그들에 대한 경계를 풀지 않았다. 우리는 물과 기름처럼 섞일 수 없는 부류였다. 내 편으로 끌어안으려면 그들은 마땅히 음주를 즐길 줄 알아야 했다.

그런 내가 어쩌다 남편 같은 사람과 연애를 한 것도 모자라 결혼까지 하게 되었을까. 그는 총각 시절부터, 아니 대학 시절부터, 아니 태초부터 자신이 술을 못 마시는 인간이라 믿어왔다. 술자리는 어지간해서는 피했고 어쩌다 참석하게 되면 본인은 술자리를 좋아한다고 얘기했지만 언행은 불일치했다.

알코올의 힘으로 한껏 높고 팽팽해진 이들의 텐션을 맨정신으로 따라잡는 일은 무리여서 그는 늘 무언가를 놓친 사람처럼 허둥댔을 것이다. 말로는 술자리를 즐긴다고 했지만, 실은 술을 마신 것처럼 놀 수는 없는 노릇이었을 테다. 술이 안 받는다고 믿던 체질답게 술이 한 방울 튀기만 해도 검붉게 타오르던 얼굴과 울렁이는 속이 그 방증이었다.

결혼 후에도 위의 세 가지 멘트를 돌려가며 이리저리 술자리를 피하는 남편을 보며 언젠가부터 합리적 의심이 고개를 들기 시작했다. 술이 안 받는 체질이란 과연 어떤 체질인 것인지, 그건 훈련을 통해 극복할 수는 없는 것인지, 과연 술을 뺀 술자리만을 좋아하는 게 가능한 것인지, 결정적으로 술을 안 마셔도 술을 마신 것처럼 놀고 있다고 진짜로 믿는 것인지, 만약 진짜 술을 마시면 어떻게 놀 것인지에 대한 의구심이 일기 시작했다. 그건 남편이 생각만큼 알쓰가 아니라는 사실을 서서히 증명해내고 있었기 때문이다.

후졌다면 후진, 한국 사회의 음주 문화는 K-직장인으로 살아남는 데 있어 술만 잘 마셔도 일종의 능력치 있는 인간이 되는 데 일조했다. 요리조리 여차저차 술자리라면 질색하며 피하던 그에게도 이제는 더 이상 피할 수만은 없는 때가 왔다.

그는 연차가 올라갈수록 회사에서 맡는 역할과 중요도가 점점 커졌고, 말단에서 중간 관리자로, 관리자에서 책임자로, 그러다가 이내는 재무와 경영 전반을 책임지는 임원직을 역임하며 현재에 이르렀다. 다양한 기업인들, 투자자들, 여러 업계의 종사자들을 만나야 했던 그가 사실상 술자리를 피하기란 군인이 총을 피하는 것과 다름없는 상황이 전개되고 있었다.

여러 만남들은 어김없이 술자리로 이어졌다. 먹고사니즘에 투철한 K-직장인답게 그는 타의로 술을 마시기 시작했는데 음주에 의외의 재능을 갖고 있음이 세상에, 나이 마흔이 넘어서야 밝혀진 것이었다. 술 마시는 데 한 번도 쓰인 적 없던 간이라서인지, 천부적 재능을 외면했던 탓인지, 사십 대의 그는 알쓰라는 자칭과는 전혀 다른 음주 행보를 이어가고 있었다.

그런 날들이 보태지고 보태지다 보니 도대체 술을 못 마신다는 판단은 어떻게 비롯된 건지, 무릇 사람이란 잘하는 게 있으면 좋아하게 되고 좋아하는 게 있으면 계속하고 싶어지는 게 인지상정일진대, 저렇게 잘하는데도 싫어하는 건 자신에 대한 배신이자 존재의 모순이 아닌가 하는 궁금증이 점차적으로 일었다.

"내가 볼 때 당신은 술을 너무 잘 마시는데?"

"결코 그렇지 않아. 빨리 달리면 속도 너무 안 좋고 어지러워."

"그건 누구나 다 그래. 똑같이 마셨는데 빨리 깨는 사람이 잘 마시는 사람이야."

"아니지. 끝까지 마시는 사람이 잘 마시는 사람이야."

"……?"

그렇다면 여기서, 주량을 다시금 정의할 필요가 있다. 주량이란 과연 무엇인가. 내가 알던 그 주량이라는 개념이 통째로 흔들리던 순간이었다.

내가 생각하는 주량은 술자리의 마지막까지 마신 술의 총량이다. 하지만 남편 생각은 다르다. 중간에 고주망태가 되어서 잠들었거나, 화장실에 달려가 게워냈다면 그 사람의 주량은 거기까지라는 게 남편의 주장이다.

"그렇게까지 자신의 역량을 낮잡을 필요가 있어? 나는 속을 정리하고 오면 몸이 리셋되면서 새롭게 시작되는 그 기분이 참 좋던데."

익숙한 눈빛으로 나를 쳐다보는 남편. 주량 같은 건 알고 싶지도 않고 모르는 채로 살겠다며, 왜 그렇게까지 주량을 측정하고 계산해서 최대치까지 도달해야 하냐고 되묻는다. 즐기는 척하고 멀쩡한 척하는 그 시간들이 실은 얼마나 힘든 줄 아느냐고.

아니, 원래가 한계에 도전하고 나의 역량을 시험한다는 것 자체가 힘든 일이다. 그리고 내 한계를 시험해본 뒤에라야 컨트롤도 가능해진다. 음주라고 해서 다를 것도 없는데, 내 말이 틀린 데가 어디 있다고 나를 저렇게 쳐다볼까 진짜.

젊은 시절, 나를 저렇게 쳐다보던 눈빛들이 있었다. 그중에서도 가장 한심하게 쏘아보던 눈빛이 있었다. 그래, 엄마. 우리 엄마다. "술을 마시는 것들은 인간으로 치지 않는다"고 애저녁에 선언했지만, 당신은 술을 마시지도 못 하거니와 마실 생각도 없었지만 당신을 제외한 모든 가족 구성원을 술꾼으로 둔 비운의 여인.

그 눈빛을 다시금 마주하여 적잖이 당황스러웠지만 이제는 안다. 옛날처럼 술을 마시지도 못하고 마실 수도 없는 체력과 나이 탓에 나는 이제 주량에 대한 욕심과 허세를 타의적으로 많이 내려놓았다. 그건 한때 술꾼이라는 자부심이 있던 나에게는 열정이 식었다는 말과도 같은 의미인지라, 타인에 대한 참견과 오지랖도 함께 수그러들었다. 그리하여 밤의 음주 생활을 마무리한 나에게 마침내 밝은 낮이 도래했다.

아름다움으로 일렁이는 세상이란 술이 없는 대낮에도 존재하는 것이었다. 밤이 넉넉지 않듯 낮 또한 부족했다.

심오한 세상이란 술자리에만 있는 게 아니라 적막한 독서실에서 책을 탐독하는 가운데도 있었다. 심야의 왁자지껄한 술자리가 아니어도 한낮의 가벼운 맥주 한 잔만으로도 내 마음은 이내 뭉실거리며 기분 좋게 이완됐다.

모나고 각지던 젊은 시절의 나도 여기저기 깎이고 다듬어져 이곳저곳 잘 섞이는 별나지 않은 인간이 되었다. 이제 더 이상은 남편의 주량이 궁금하지 않다. 그것은 아마도 평생 측정 불가능한 상태로 남을 것이다.

그렇지만 솔직히, 지금도 나는 자신의 주량을 모른다고 말하는 남편에게 연민을 느낀다. 밤의 깊은 낭만과 풍류를 모르고 일평생을 살아가다니 짠하기 그지없다. 자신의 주량도 모른 채 일생을 마무리하는 인생이란 얼마나 쓸쓸하고 적막한, 텅 빈 잔 같은가.

나도 이제 외롭고 싶다

인간은 왜 등 따숩고 배부르면 자신의 가능성을 다 펼치지 못하는가. 왜 행복할 때 스스로 행복하다는 걸 깨닫지 못하는가. 왜 나락으로 떨어져봐야 천국이었단 걸 뒤늦게 아는가. 왜 인간은 지옥에서 천국을 깨닫고, 불행에서 행복을 찾으며, 소속감 안에서 외로움을 꿈꾸는가.

조심스럽고 비밀스럽게 고백하건대 아무한테도 얘기 안 하고 회사 휴가를 쓴 날이 며칠 된다. 아이들을 학교와 어린이집에 보내고 출근하는 척 집으로 돌아와 혼자만의 시간을 보낸 적이 있다. 뭐 거창한 계획이 있었는가 하면 그럴 리가.

아침나절에 특히나 에너지가 없는 나는 내 방으로 숨

어들어가 블라인드를 내리고 침대 구석으로 파고든다. 모로 누워 휴대폰을 보고 눈을 감았다가 떴다가 엎치락뒤치락하다 보면 내 정신은 꿈과 현실의 경계를 오간다. 블라인드 틈으로 스며드는 빛 사이로 천천히 날리는 먼지와 느리게 유영하는 시간을 몽롱하게 느끼다 보면 정신이 아득해지다가 이내 까무룩 잠이 든다.

그러다 눈을 뜨면 기가 막히게 정오 무렵이다. 역시나 천천히 일어나서 식사를 한다. 뭐 거창한 걸 먹나 하면 그럴 리가. 베이글에 크림치즈와 딸기잼, 연하게 내린 커피 한 잔이면 누구에게도 방해받지 않는 황제의 식탁이다.

베이글을 씹으면서 극장의 상영 시간표를 확인한다. 어떤 영화든 아무렴 어때. 아무도 나를 찾지 않고 들키지 않을 깜깜한 공간에서 쿰쿰한 극장 안의 습기를 폐 끝까지 들이마시고 내쉬며 가만히 앉아서 화면만 바라보면 되는 것을.

영화를 보고는 집 주변 마트에 가서 장을 본다. 장바구니는 반드시 내가 혼자 가뿐히 들 수 있을 만큼 단출하고 가볍게만 채운다. 그렇게 오전과 오후 시간을 보내고 나면 나는 곧 돌아올 아이들과 남편을 다정하고 상냥하게 맞이할 수 있었다. 유효기간이 며칠밖에 되지 않는, 그러나 싱싱한 다정과 상냥. 그들을 맞이하는 내 준비물이다.

왁자지껄하고 소란스러운 무리들 틈에서 존재감을 느끼고 그들과의 비교를 통해 '나'를 느껴왔던 어린 시절을 거쳐, 고요와 적막 속에서 그 누구와의 비교도 없이 오롯이 나만 존재하는 시간 안에서 분명한 나를 느낀다.

결혼을 하고 두 번의 출산을 거치고 나서야 나는 고독과 외로움의 존재 이유를 알게 되었다. 픽사의 애니메이션 <인사이드 아웃>에서 깊은 슬픔을 느낀 후라야 기쁨도 가슴 깊이 느낄 수 있다는 걸 깨달은 기쁨이처럼, 무리에 잘 섞이기 위해 외로움은 반드시 필요한 것이었다. 환희의 순간을 더 빛내주는 건 고독함의 깊이였다. 그러니까 한마디로 혼자 있는 시간들이 삭제되면서 사무치게 외롭고 싶어졌고, 못 견디게 혼자 있고 싶어졌다는 얘기.

우리 엄마 말을 빌리자면 내가 낳았지만 '내 국물은 한 방울도 안 튀긴' 딸 둘과 그녀들을 혼자 낳았다 해도 믿을 만큼 독보적으로 힘을 낸 유전자를 가진 남편, 이 셋은 내 인생에 등장한 순간부터 내가 눈감을 날까지 내 등허리에 올라타 있을 나의 가족이다.

내가 전업주부일 때도, 일을 하게 되었을 때도 남편은 집안 문제나 갑자기 생각난 급한 용무, 잊고 출근한 물건들에 대한 전화를 이틀에 한 번 이상은 해온다. 마치 내가 개인 비서라도 되듯.

오후에는 첫째에게서 전화가 한 번 이상은 온다. 하교 후 집에서 어떤 간식을 챙겨먹으면 되는지, 흰 옷에 빨간 국물이 튀었는데 어떻게 해야 하는지, 학원 끝나고 친구들이랑 군것질해도 되는지, 된다면 얼마까지 써도 되는지를 묻는 전화다.

마지막으로 둘째 어린이집 선생님께 전화가 종종 걸려온다. 오늘 친구랑 놀다가 손등이 살짝 까져서 밴드를 붙여주었다거나, 옷이 젖어서 여벌 옷으로 갈아입혔다거나, 아이의 사생활에 관련한 용건으로 통화를 한다.

전화를 끊고 나면 내가 뭘 하려고 했더라, 무슨 생각 중이었더라, 그때 쥐고 있던 볼펜은 어딜 갔더라…. 모든 게 리셋되고 내가 하던 게 무엇이었든지 간에 원점에서부터 다시 시작해야 한다. 본인들에게는 한 통의 전화지만 받는 나는 세 통이 되는 걸 그들은 알까. 다시 시작하면 되지 뭐가 문제냐니, 예열이 느린 내 몸과 머리로는 시간이 걸리는 일이란 말이다.

집에서라면 더 말해 무얼 할까. 엄마! 여보! 소리에 귀에서 피가 난다. 판관 포청천도 되어야 하고 맥가이버도 되어야 하며 신사임당도 되었다가 히메나 선생님도 되어야 하는 내가 나 자신을 잃지 않고 살기란, 다시 싱글로 돌아가는 것보다 더 어렵게 느껴진다. 덕분에 나는 아파트라는 것은 가족의 목소리가 들리지 않는 사각지대란 존재하지 않는, 치명적인 구조적 결함을 가진·건축물이라는 사실을 알게 되었다. 복층으로 이사 가고 싶다.

그렇게 쉬지 않고 나를 부르는 세치 혀들은 가족 여행의 짐 싸기나 대청소, 손님맞이 상차림같이 온 가족의 도움이 필요한 순간에는 어찌 그리 짠 듯이 조신하고 적막해지는지. 내 인중에만 땀이 차고 내 몸만 이리저리 분주하게 종종댄다.

그들은 하나부터 열까지 지정해주고 시켜야만 움직이

는데, 그러다 보면 내 다정과 상냥 에너지는 금세 바닥나고 단전에서부터 슬슬 화가 끓어오른다. 왜 내가 심부름을 가장 많이 하냐는 막내, 아빠도 안 하는데 왜 내가 하냐는 첫째, 요즘 애들은 버릇이 없어서 시키는 일에 토를 단다는 남편까지, 돕지는 않고 세치 혀로 매를 버는 그들을 보면 부아가 치밀어서 그게 표정이나 목소리에 묻어나지 않을 도리가 없다.

그러면 셋의 불만은 한결같다. 좋게 말하면 되지, 시키면 되지, 부르면 되지, 왜 화를 내는지 모르겠다는 말씀. 이 집안에서는 늘 나만 잔소리꾼에 나만 짜증이 많고 나만 화를 내고 나만 소리를 지르는, 나만 악역이다. 내가 이렇게까지 화를 낼 수 있는 인간인지, 짜증은 화수분 같은데 인내심은 이리도 금세 동나는지, 나의 바닥을 나는 새삼스럽게도 매일 확인한다.

행복한 지옥 내지는 불행한 천국. 나는 그렇게 부르기로 했다. 이들과 함께여서 나는 외로움의 가치를, 고독함의 의미를 알게 되었다. 왜 난 혼자 있는 시간과 지독한 외로움이 허락되었을 때 그걸 누리지 못했을까. 나의 내

면은 고독과 함께 깊어진다는 걸 고독할 때는 몰랐을까.

허나 내 깊은 바닥이 맞닿은 곳, 내 높은 하늘과 이어지는 곳, 내 모든 절망과 환희는 이들과 함께였다. 어머님이 돌아가셨을 때, 남편이 그토록 원하던 이직 자리의 최종 면접에서 낙방했을 때, 그러나 그보다 더 좋은 자리로 기필코 이직하게 되었을 때, 첫째를 동네 축제에서 잃어버렸을 때, 안내 방송을 듣고 찾아온 첫째와 다시 만났을 때, 둘째가 우리에게 기적 없이 찾아왔을 때, 내가 공무원 시험에 합격했을 때, 나는 그들과 함께였다.

아마 앞으로도 그럴 것이다. 그래서 나는 외롭고 고독한 나만의 시간을 더욱더 외롭고 고독하게 나를 위해 쓴다. 때로 그것은 아무것도 하지 않은 채 아무것도 하지 않음을 누리는 것이기도 하고, 어제의 짜증과 부아를 가라앉히고 반성하는 시간이기도 하며, 어른 여자들과의 사람다운 대화와 감정의 교류를 통해서이기도 하다. 그럼으로써 나는 우리 가족으로 살아갈 수 있다.

막내가 묻는다.

"엄마는 커서 뭐가 되고 싶어?"

"혼자 있는 사람."

첫째가 묻는다.

"엄마는 다시 태어나면 뭐가 되고 싶어?"

"돌멩이가 되고 싶어."

마지막으로 남편이 물었다.

"당신은 로또 되면 뭐할 거야?"

"집 사야지. 혼자 있을 집."

그러니까 오늘은 제발,

Leave me alone.

[에필로그]

읽어주는 사람이 있을 때 글은 완성된다

올 한 해는 많은 시간 글을 쓰며 보냈다. 누군가 읽어주길 간절하게 기다리는 한편, 끝내 나만의 일기장으로 남았으면 하는 마음이 자주 다퉜다. 그럴 때마다 왜인지 자꾸 외로워졌는데, 그건 아마도 내가 어디쯤에 있는지 전혀 모르겠다는 데서 오는 외로움이었던 것 같다. 원고를 마무리할 때까지도 답을 알 수 없었다.

  책으로 공개되기 전, 원고 일부를 미리 읽어본 '블라인드 독서단'을 통해 그 답을 알게 된 것 같다. 일면식도 없는 여러 독자들이 내 글을 읽고 '느꼈다'거나 '깨달았다'는 얘기들은 더할 나위 없는 공감이자 위로였다. 같은 글을 읽고도 저마다 다른 의미로 가 닿는다는 것 또한 큰 배움이 되었다. 그러니까 처음부터 이 얘기들은 누군가에게 들려주고 싶었던 게 아니라 실은 누군가로부터 듣고 싶은 얘기였다는 걸 '깨달았다'.

분분이 흩어져버리고 말 수도 있었을 조각들을 힘껏 꿰어 아름답게 만들어주신 남연정 편집자님께 진심으로 감사드린다. 나는 지금 아무런 수요도 없는 무대에 공급을 자청하며 벌거벗고 올라 있는 기분이다만, 그 정도로 유명해지지는 않을 테니 아무 걱정일랑 말라는 남편의 말대로 편안하게 이 책을 세상으로 내어보낸다.

¶ 블라인드 독서단 ¶

이 책의 제목도, 저자도 모르는 상태로 원고 일부를 미리 읽은 독자들의 이름과 솔직한 리뷰를 공개합니다.

강수민	김아리	박나정	신현주	이서희	정지연
경규연	김영민	박미진	신혜림	이승익	주다혜
구본영	김윤슬	박시현	심효주	이주림	주 윤
김담희	김윤주	박은경	오민정	이지원	최소현
김두환	김하영	밤박하	오정선	이한선	최유나
김미진	김해림	배유선	오현서	이혜원	최지윤
김보영	김해영	배정은	윤수정	장보현	최지은
김상경	나 무	손아린	윤정은	전혜정	허소정
김서희	나지영	송다경	윤혜인	정다정	허지윤
김수린	문다연	송우진	이문주	정은영	황선영

¶ 책리뷰 ¶

분명히 에세이인데 한 편의 성장소설을 읽은 느낌. 작가를 모른 채 읽다 보니 선입견이나 배경 지식 없이 점점 더 자연스럽게 빠져든 것 같다. 좋은 작품은 창작자를 사랑할 수밖에 없게 만든다고 믿는데, 이 책이 그렇다. 팬심이나 동경이라기보다 '아는 사람이 된 것 같은' 착각에서 오는 애정. — **밤박하 님**

이 책이 가진 가장 큰 매력은 바로 '균형감'이다. 무겁지 않게, 그렇다고 가볍지만도 않게. 적당한 진지함과 적당한 유머가 교차하며 일상을 다루는 에세이의 묘미가 있다. 에세이는 보통 한 번 읽고 다시 펼치는 일이 거의 없는데, 이렇게 위트와 진지함의 '간이 딱 맞는 책'이라면 지하철을 오래 타는 날 들고 나가기에 딱 좋겠다.
— **박나정 님**

문장이 리듬감 있고 에피소드도 재밌어서 술술 읽힌다. 주변에서 흔히 일어날 수 있는 일들이지만, 작가의 집요한 관찰력과 통찰력으로 현실적인 관계의 심리학을 그렸다. 그녀의 최장점인 명랑, 유쾌, 발랄한 문장은 몇 번이고 밑줄을 긋게 했다. 어려운 심리학 책 왜 보나? 이 책에 다 있는데! — **김서희 님**

글은 참으로 정직해서 얼굴, 표정 하나 보지 못해도 그 사람의 면면이 고스란히 느껴진다. 읽어 나갈수록 내 또래의 그녀가 더 궁금해졌다. 작가는 어떤 마음으로 어떤 생각을 하며, 요즘은 어떤 관심사가 있는지 마주 앉아 대화하고 싶다. 친한 동네 친구처럼 수다 떨고 싶은 마음이 간절할 때 이 책을 펼치면 좋겠다.
— **김미진 님**

글을 읽는 동안, 어떤 사람의 기쁨과 슬픔과 청춘과 외로움이 내 안으로 흘러 들어오는 느낌이었다. 내 마음도 같이 일렁이고 입도 함께 미소 지으며 눈가도 촉촉해졌다. 삭막한 마음에 오랜만에 따뜻한 온기가 돈다. — **김아리 님**

몰래 들여다본 작가의 속마음은 빨래 개켜놓듯 가지런히 정돈된 느낌이었다. 정갈하게 정리된 그녀의 글 속에서 내 마음의 곰팡이를 싹 지운 기분. — **강수민 님**

침대에 누워서 킥킥댔다가 자세를 고쳐 앉아 "맞아맞아" 했다가… 소소한 나의 삶과 기분을 어루만져주는 글. ― **나지영 님**

이 글을 면면히 들여다보는 것이 흥미롭고 재미있는 이유는 나와 닮아 있는 일상의 연결성 때문일 것이다. 원고가 흡인력을 잃지 않고 마지막 마침표까지 이끄는 것도, 소설 같으면서도 현실감이 반영된 에세이 문체가 한몫한다. ― **김윤슬 님**

유쾌하지만 가볍지 않고 아름다운 문장, 세상을 바라보는 따뜻한 시선, 그 안에 자신을 남김없이 보여주는 진솔함까지. 내 마음과 공명한다. ― **심효주 님**

날것 같으면서도 정돈된, 단정하고 따스함이 느껴지는 글이다. 읽는 내내 모든 문장들에 빨려 들어갔다. ― **윤정은 님**

이 책은 단순한 에세이가 아니라 '내면을 정리해주는 책' 같다. 결국은 나를 이해하고, 나를 회복하는 법을 이야기한다. 그 안에는 치유·사랑·회복·성장이라는 공통의 감정선이 흐른다. 누군가의 일기 같고 또 누군가의 고백 같지만 결국엔 내 이야기로 귀결되는 문장들이다. ― **최지은 님**

❕ 밑줄 그은 문장 ❕

내가 가장 사랑하는 부분은 필연적으로 어떠한 단점을 내포하고 있다는 사실. (34쪽)

'결핍이 있는 자는 늘 사랑스럽다.' 어떤 사람을 좋아하게 될 땐 완벽해 보이는 부분에 끌릴지 몰라도, 결국 감기게 되는 건 그 사람의 결핍 때문인 것 같다. — **최소현 님**

우리는 그해 겨울이 지나고 나서야 저마다의 로맨틱이 있다는 걸 알게 되었다. (85쪽)

사람마다 각자 '사랑의 언어'는 다르다. 누군가는 말로, 누군가는 행동으로, 또 누군가는 작은 선물로 마음을 전한다. 중요한 건 표현의 방식이 아니라 그 마음이 진심이었는지를 알아보는 일이다. 나는 이걸 너무 늦게 깨달았다. — **최지은 님**

중요한 건, 마지막 마무리를 잘해낸 사람만이 시작도 했었 던 사람으로 기억된다는 사실이다. (145쪽)

우리가 간과했던 부분을 날카롭게 집어냈다. 시작의 화려함보다는 뚝심이 더 중요하다는 메시지가 명쾌한 울림을 준다. 관계나 일 등 모든 영역에서 '결과가 기억을 지배한다'는 현실적 진리를 제시하며, 뭔가를 시작하는 이들에게 부담감을 덜어주고 동기를 부여한다. — **김서희 님**

M은 내가 아는, 가장 반짝이던 청춘이었다. 사람이 한평생 낼 수 있는 에너지의 총합이라는 게 있다면 그녀는 그래서 그 짧은 시간 동안 온 힘을 다해 빛을 내었나 보다. (226쪽)

그리움, 안타까움, 경외감 등이 짧은 문구 안에 다 품어져 있다는 생각이 들었다. M이라는 사람은 어떤 사람이었을까, 어떻게 웃었을까, 어떤 책과 음악을 좋아했을까, 자신의 몫을 어떻게 해내었을까. 주어진 정보 외에 자꾸만 개인적인 감정들을 들추며 상상을 하게 된다. 물리적 단위로 M의 인생을 표현했지만 어쩌면 그래서 우리는 생이 붙은 짧은 순간을 운명이라 확장하며 살게 되나 보다.
— **김아리 님**

> 여행 중에 가족 한 명이 집에 가서 자고 온다는 얘기는 드라마에서도 책에서도 보지 못했다. (81쪽)

가장 재미있는 에피소드였으며, 비일상적인 일상이 잘 포착된 문장이었다. 작가가 느끼는 황당함과 서운함을 고스란히 느낄 수 있었고, 나도 '헐'을 연발하며 작가의 남편이 궁금해졌다. 무려 호텔을 '단칸방'이라 표현한 건 정말 위트 있으면서도 남편의 개성이 잘 드러나는 대목이다. 이런 남편과 사는 작가의 넓은 이해심까지도! — **김서희 님**

> 무엇보다 중요한 것은 마침표를 찍는다는 것. 쓰다 만 명문보다 완성한 습작이 더 훌륭하다. 나의 글쓰기도 그렇게 성장하고 있다고 믿는다. (146쪽)

시작을 쉽게 하는 편이지만 늘 그렇듯 가벼운 마음으로 끝나는 법이 없다. 하다 보면 점점 잘하고 싶은 욕심이 생기기 때문이다. 마무리를 잘하기 위해서는 쉽지 않은 과정들이 존재한다. 나와의 싸움, 주변의 시선 등… 그렇게 모든 시간을 꿋꿋하게 보낸 후에야 나의 시작도 기억된다는 것이 정말 공감된다. — **신현주 님**

> 나는 타인의 우울과 슬픔을 '왜'라는 말로 되묻는 것만큼 무례한 일도 없다는 걸 알고 있었다. (111쪽)

우리는 나를, 그리고 서로를 잘 안다고 말하지만 사실은 모른다. 문득문득 스스로 견뎌야 했던 외로움이 사무쳤을 때 '왜'라고 내게 묻던 순진한 얼굴들이 글 가운데서 부표했다. — **강수민 님**

> 사람은 그 어떤 위로를 건네는 친구보다도 같은 불행에 빠진 사람으로부터 위대한 위로를 얻는다. (116쪽)

내가 말하지 않아도 내 고통을 느끼고 이해하기 때문 아닐까. 나만 그런 게 아니구나 하는 자각은 예상했던 것보다 더 큰 위로가 된다. — **윤혜인 님**

상극의 희극

1판 1쇄 인쇄 2025년 12월 10일
1판 1쇄 발행 2025년 12월 20일

저자 이정원
발행인 남연정
디자이너 석윤이

발행처 퍼스널에디터
출판등록 2024년 7월 3일 제395-2024-000144호
이메일 personal_editor@naver.com
인스타그램 personal.editor.book
ISBN 979-11-993129-4-4 (03810)

ⓒ 이정원, 2025

이 책의 일부 또는 전부를 재사용하려면 반드시 사전에 저작권자와 퍼스널에디터의 동의를 얻어야 합니다.